»Redefreiheit ist das Leben« –
Briefe an Salman Rushdie

SERIE PIPER
Band 1717

Zu diesem Buch

Am 14. Februar 1992 jährte sich die Morddrohung gegen Salman Rushdie zum drittenmal. Aus diesem Anlaß griff die Berliner *tageszeitung* eine Idee des deutschen P.E.N. auf, die von der Schriftstellerin Gertrud Seehaus initiiert worden war: Schriftsteller aus aller Welt wurden um ihre ganz persönliche Solidaritätsbekundung gebeten. Unter den Beiträgern: Nadine Gordimer, Andrzej Szczypiorski, Margaret Atwood, Martin Walser, F.C. Delius, Günter Grass, Norman Mailer, Ilse Aichinger, Ralph Giordano u.a.

Der Band enthält außerdem einc gekürzte Fassung der von »Article 19«, der Londoner Organisation gegen Zensur (International Centre Against Censorship), zusammengestellten Chronik der »Fatwa«.

Der Piper Verlag spendet DM 1,– pro Band an das International Committee For The Defense Of Salman Rushdie; die Verfasser der Briefe verzichten jeweils auf die Vergütung der Abdruckrechte zugunsten derselben Institution.

Salman Rushdie, geboren 1947 in Bombay. Studium der Geschichte in Cambridge; Arbeit am Theater und als freier Journalist. International bekannt wurde Rushdie durch seinen 1981 erschienenen Roman *Midnight's Children* (dt. *Mitternachtskinder*, Piper Verlag 1983), für den er mit dem Booker Prize ausgezeichnet wurde. Nach der Veröffentlichung seines Romans *The Satanic Verses* in England lebt der Autor seit 1989 – seit seiner Verfolgung, ausgelöst durch die von Irans Ayatollah Khomeini verhängte »Fatwa« – im Verborgenen und unter ständigem Polizeischutz.

Thierry Chervel, geboren 1957 in Paris. Studium der Musikwissenschaft in Berlin; arbeitete als Kulturredakteur bei der *tageszeitung* in Berlin und lebt zur Zeit dort als freier Journalist.

»Redefreiheit ist das Leben« –
Briefe an Salman Rushdie

Die taz-Kampagne

Herausgegeben von
Thierry Chervel

Piper
München Zürich

Von Salman Rushdie liegen
in der Serie Piper vor:

Mitternachtskinder (716)
Das Lächeln des Jaguars (744)
Scham und Schande (1148)

ISBN 3-492-11717-1
Originalausgabe
Oktober 1992

Umschlag: Federico Luci
Umschlagfoto: Monika Zucht
© DER SPIEGEL
Gesamtherstellung: Clausen & Bosse, Leck
Printed in Germany

Inhalt

Vorwort des Herausgebers

Jemand schreit um sein Leben. »Stell dich nicht so an!« ruft ein Passant ihm zu. Ähnlich verhalten sich nicht wenige Intellektuelle gegenüber Salman Rushdie. Sie tun es – zumindest in Deutschland – nicht so offen, eher nebenbei, bei einem Glas Soave oder in gut geheizten Verlagsetagen. Rushdie möge nicht so ein Theater machen, er sei schließlich nicht der einzige bedrohte Schriftsteller auf der Welt – wobei zu fragen wäre, was einen, der so argumentiert, eigentlich stört: die Nicht-Publizität in den anderen Fällen oder die Publizität im Fall Rushdie? Daß die *Satanischen Verse* ein provokantes Buch sind, läßt sich nicht leugnen. Aber läßt sich daraus schließen, daß Rushdie »es hätte wissen müssen«? Die gleiche Logik hat der Vorwurf des Gerichts an eine vergewaltigte Frau, sie habe aufreizende Kleidung getragen. Gerüchte kursieren, Rushdie oder seine Agentur hätten zu Reklamezwecken die ersten Demonstrationen gegen das Buch selbst finanziert. Der britische Literaturwissenschaftler Richard Webster vertritt in seinem Rushdie-Buch *Erben des Hasses* gar die These, Rushdie mache sich in den *Satanischen Versen*, unwissentlich zwar, zum Agenten eines westlichen Anti-Islamismus, der an die Stelle des inzwischen verabschiedeten Antisemitismus getreten sei.

Also irgendwie ist Rushdie selber schuld. Er hat Wind gesät und Sturm geerntet. Nicht auszuschließen ist, daß bei manchen dieser Rushdie-Gegner der Neid auf den größeren, erfolgreicheren und reicheren Schriftsteller und vielleicht auch ein subtiler Rassismus eine Rolle spielen – oder der Neid auf den besseren Satiriker wie bei *Titanic*, die in ihrer Märznummer 1992 die Briefe an Rushdie parodierte.

Es gibt einen primitiven psychischen Mechanismus, der bewirkt, daß man die Verantwortung für ein Verbrechen eher dem Opfer zuschieben möchte als dem Täter. Dieser Mechanismus begegnete uns in letzter Zeit nicht allein im Fall Rushdie, sondern etwa auch in der Stasi-Debatte. Die Empörung schlug da eher den Biermanns und Rathenows entgegen als dem Stasi-System und seinen Handlangern, die sie anprangerten. Man möchte der Sache eben lieber nicht ins Gesicht blicken. Dem Opfer gegenüber schaltet man seine Vorstellungskraft lieber ab und sucht Argumente für die eigene Untätigkeit. Einfühlung und differenzierte Betrachtungsweise werden eher dem Täter zugewandt, bis er selbst als Opfer dasteht. Intellektuelle sind nicht unbedingt intelligenter als Nicht-Intellektuelle. Vor dem Einschnappen dieses Mechanismus sind sie nicht gefeiter als andere Leute.

Opfer und Tat werden darüber verdrängt, in diesem Fall also die Morddrohung gegen Rushdie, seine Verleger und Übersetzer, der Mord an Rushdies japanischem Übersetzer, der Mordversuch an seinem italienischen Übersetzer und der Terroranschlag auf die Redefreiheit, den die Fatwa nebenbei verübt.

Daß die Redefreiheit ein hart erkämpftes, stets gefährdetes Gut ist, wird heute wie ein Lernziel aus dem Gemeinschaftskundeunterricht mit müdem Nicken bestätigt. Keiner bestreitet es, jeder unterschreibt. Es ist eine Binsenweisheit, abstrakt, Redefreiheit ist ein Komfort, an den man sich – im Westen – so sehr gewöhnt hat, daß man ihn kaum mehr wahrnimmt. Aber es reicht nicht zu *wissen*, daß »Redefreiheit das Leben ist« (so Rushdie in seiner Rede »1000 Tage im Ballon«). Ilse Aichinger schreibt dazu in ihrem »Brief an Rushdie«: »Ich weiß, daß Redefreiheit das Leben ist, und ich habe es zu wissen gelernt. Wissen ohne Wissen gelernt zu haben, ist zuweilen gefährlich.«

Damit spricht Ilse Aichinger eine Grundabsicht der »Briefe an Rushdie« an. Als die Kampagne Ende Januar eröffnet wurde, drei Wochen vor dem dritten Jahrestag der Morddrohung, hatte sich die Empörung längst gelegt. Vor Jahren schon hatten die Regierungschefs ihre Botschafter in den Iran zurückgeschickt. Die britischen Geiseln waren befreit. Khomeini war tot, und der neue Hitler hieß Saddam Hussein. Eine weitere Solidaritätserklärung zu lancieren, hätte in dieser Situation keinen Sinn gehabt. Die Schriftsteller sollten nicht unterschreiben, sondern schreiben, die Vorstellungskraft in Gang setzen, bei sich und beim Publikum, die Empörung wieder wachrufen, Wissen lehren.

Die ursprüngliche Idee zu den »Briefen an Rushdie« wurde der *taz* vom deutschen P.E.N. angetragen. Wir fanden sie brillant und fragten Günter Grass, ob er nicht bereit sei, die Kampagne zu eröffnen. Grass sagte sofort ja, auch Nadine Gordimer und Johannes Mario Simmel waren sofort bereit mitzumachen. Salman Rushdie freute sich.

Obwohl die *taz* nicht gerade ein mächtiges Medium ist – für die Brief-Kampagne war sie ideal. Die *taz* ist Mitglied von »World Media«, einem internationalen Netzwerk von Zeitungen und Zeitschriften, dem auch *Libération*, *El País*, *La Stampa* und viele andere angehören. Wir boten ihnen die Briefe zum Abdruck an. Sie übernahmen sie gern, und manche revanchierten sich, indem sie ihrerseits Schriftsteller in ihren Ländern ansprachen. Besonders zu Dank verpflichtet sind wir der Londoner Menschenrechtsorganisation »Article 19«, die sich für Rushdie engagiert und die für uns viele englische und amerikanische Schriftsteller kontaktierte. Der Rest war Telefonieren, Faxen, Briefeschreiben, Überredungskunst.

Nicht von ungefähr eröffneten wir die Kampagne etwa drei Wochen vor dem 14. Februar, dem dritten Jahrestag von Khomeinis Morddrohung. Wir wollten dem routinemäßigen Gedenken zuvorkommen, das an diesem Tag die Randspalten der Feuilletons füllen würde. Rushdie war noch kein Thema, und wir wollten die anderen Medien dazu anregen, ihn wieder zum Thema zu machen.

Die Medien reagierten unterschiedlich. Die ARD-Tagesthemen brachten aus Anlaß der »Briefe an Rushdie« ein Gespräch mit Rushdie, fast alle Radioanstalten interviewten Teilnehmer der Kampagne, der *Spiegel* berichtete. Nur die großen Feuilletons, *Zeit* und *FAZ*, reagierten überhaupt nicht. Daß die »Briefe an Rushdie« keine Erwähnung fanden, mag ja hingehen. Sie wurden offenbar als ein »Coup« der kleinen *taz* betrachtet. Aber auch in anderer Form, in eigenen Essays, Berichten, Kommentaren blieb das Thema ausgespart. Und am 14. Februar fand sich nicht einmal in den Randspalten eine Spur von Rushdie. Ein Grund mehr, die »Briefe an Rushdie« jetzt in Buchform zu veröffentlichen. Leser, die ihre kulturellen Informationen ausschließlich aus diesen so seriösen Feuilletons beziehen, wüßten sonst gar nichts von der Existenz dieser Briefe.

Die Reaktion der Schriftsteller könnte man dagegen überwältigend nennen – wenn nicht auch dies nur die halbe Wahrheit wäre. Natürlich war es wundervoll zu sehen, daß die Autoren, die sich beteiligten, keineswegs Standardbriefe aufsetzten. Aber aus der Teilnehmerliste läßt sich auch ersehen, wer alles nicht teilgenommen hat. Wir haben sie fast alle gefragt. Die Kampagne war groß, sie hätte größer sein können.

Einige arabische Autoren hätten gerne teilgenommen, mußten aber absagen, weil sie selber bedroht sind. Andere Autoren hatten einfach keine Zeit. Peter Handke ließ sich so lange bitten, bis der Termin verstrichen war. Umberto Eco und Christa Wolf waren ehrlich genug, persönliche Eitelkeit geltend zu machen – »Rushdie hat einmal etwas Negatives über mich geschrieben«, sagte Eco, »Die *taz* hat sich einmal an einer Hetzjagd gegen mich beteiligt«, sagte Wolf, doch fühle sie sich Rushdie tief verbunden. Botho Strauß bekannte, daß er »nur durchschnittlich informiert« sei. Am häufigsten war das Argument, daß es zu Rushdie nichts mehr zu sagen gebe. Der Gegenbeweis liegt hiermit vor.

Das Ende des Bandes bildet die Rushdie-Chronik, die Carmel Bedford für »Article 19« verfaßt hat und die nun erstmals, wenn auch gekürzt, in Deutsch zu lesen ist. Sie zeigt, wie schwer es ist, gegen Trägheit und Ignoranz anzukämpfen. Vorangestellt ist den Briefen Rushdies Rede »1000 Tage im Ballon« vom Ende letzten Jahres. Der Erlös kommt dem »International Committee for the Defence of Salman Rushdie and his Publishers« (ICDSR) zugute, für das »Article 19« tätig ist. Je ein Freiexemplar des Bandes geht an durchschnittlich informierte Schriftsteller.

Thierry Chervel, Juni 1992

Salman Rushdie: *1000 Tage im Ballon*

Ein Heißluftballon treibt langsam über einen bodenlosen Abgrund dahin. An Bord befinden sich mehrere Passagiere. Ein Leck entsteht, der Ballon verliert an Höhe. Immer näher kommt die Schlucht, ein dunkles, gähnendes Loch. Großer Gott! Der angeschlagene Ballon kann nur noch einen einzigen Passagier in Sicherheit bringen; die anderen müssen geopfert werden, um diesem einen das Leben zu retten! Doch wer darf leben, wer muß sterben? Und wer vermag eine solche Wahl zu treffen?

Tatsächlich treffen Debattierclubs auf der ganzen Welt mit schöner Regelmäßigkeit derartige Entscheidungen – bedenkenlos, denn das, was ich beschrieben habe, ist die vorgegebene Situation eines allseits beliebten Evergreens, der Ballondiskussion. Während die Wortführer über die relativen Vorzüge und Nachteile bekannter Persönlichkeiten diskutieren, die sie der Katastrophe zum Fraß vorgeworfen haben, akzeptieren die übrigen Anwesenden gleichmütig die etwas unbehagliche Vorstellung, daß eines Menschen Recht auf Leben aufgrund seiner Tugenden oder Laster höher oder niedriger bewertet wird – daß wir bei der Geburt zwar alle gleich sind, unser späteres Leben aber ein recht unterschiedliches Gewicht auf die Waage bringt.

Schließlich ist es nur ein Spiel. Und wenn es auch kein besonders sympathisches ist, so spiegelt es doch die wahre Natur des Menschen.

Ich habe inzwischen über 1000 Tage in einem derartigen Ballon verbracht; aber das war kein Spiel. Während der meisten dieser 1000 Tage gehörten die westlichen Geiseln im Libanon sowie die im Iran und Irak festgehaltenen britischen Geschäftsleute Roger Cooper und Ian Richter zu meinen Reisegefährten. Und ich mußte hinnehmen – und nahm es hin –, daß mein Schicksal in den Augen der meisten meiner Landsleute weniger schwer wog als das der anderen. Bei einer Wahl zwischen uns allen wäre ich der erste gewesen, den man aus dem Korb und in den Abgrund gestoßen hätte. »Das Leben lehrt uns, wer wir sind«, schrieb ich am Schluß meines Essays »Im guten Glauben«. Einige dieser Lektionen waren sehr grausam und nur sehr schwer erlernbar.

Gefangen in einer Metapher, habe ich oft das Bedürfnis empfunden, sie neu zu definieren, die vorgegebenen Umstände zu verändern. Es handelt sich weniger um einen Ballon, hätte ich gern gesagt, als um eine Luftblase, in der ich zugleich exponiert und versiegelt bin. Die Blase, die über und auf der Welt dahintreibt, entzieht mich der Realität, reduziert mich auf eine Abstraktion. Für viele Leute habe ich aufgehört, ein Mensch zu sein, bin ich zu einem Thema geworden, einem Ärgernis, einer »Affäre«. Kugelsichere Luftblasen wie diese sind leider auch vor der Realität sicher. Die Reisenden, die in ihnen dahintreiben, werden, wenn sie nicht aufpassen – wie jene, die sich Tolkins Zauberring überstreifen, der unsichtbar macht –, zu einer Art Geistererscheinung. Sie gehen verloren. In diesem Phantomraum kann jeder Mensch selbst zu der Luftblase werden, die ihn umschließt, und dann, eines Tages – plop! –, ist er endgültig verschwunden.

Es ist doch absurd, nicht wahr, protestieren zu müssen: Aber ich *bin* ein Mensch, zu Unrecht verurteilt, zu Unrecht in diese Luftblase eingeschlossen. Oder bin *ich* es, der absurd ist, wenn ich aus meiner Luftblase heraus rufe: *Ich bin noch immer hier eingeschlossen. Leute! Könnte mich bitte jemand rausholen?*

Ihr da draußen, im reichen, mächtigen, vom Glück begünstigten Westen – ist es wirklich schon so lange her, seit bei euch Menschen aus religiösen Gründen verfolgt, als Ketzer verbrannt, als Hexen ertränkt wurden, so lange, daß ihr es nicht mehr erkennt, wenn Menschen um ihres Glaubens willen verfolgt werden? Die ursprüngliche Metapher ist wieder zum Tragen gekommen. Ich sitze wieder in meiner Luftblase und bitte um das Recht zu leben. Wieviel ist mein einzelnes Leben wert? Die Verzweiflung flüstert mir ins Ohr: »Nicht sehr viel.« Aber ich weigere mich, vor dieser Verzweiflung zu kapitulieren.

Ich weigere mich, vor der Verzweiflung zu kapitulieren, weil man mir nicht nur Haß, sondern auch Liebe entgegengebracht hat. Ich weiß genau, daß viele Menschen sich um mich sorgen und entsetzt sind über die verrückte, verdrehte Logik der Post-Fatwa-Welt, in der ein einzelner Romancier beschuldigt werden kann, eine ganze Gemeinschaft attackiert oder überfallen zu haben, in der er zu ihrem Peiniger (statt ihrem geteerten und gefederten Opfer) und zum Sündenbock für all ihre Ärgernisse wird. Viele Menschen fragen zum Beispiel: Wenn ein weißer, zum islamischen Fanatiker gewordener Popstar sich zustimmend über den Mord an einem indischen Einwanderer äußert, wie kann man denselben indischen Einwanderer dann als Rassisten beschimpfen?

Oder auch: Welche Minderheit ist kleiner und schwächer als eine Minderheit, die aus einem einzelnen Menschen besteht?

Ich weigere mich, vor der Verzweiflung zu kapitulieren, obwohl man mir eine gründliche Lektion in Wertlosigkeit erteilt hat, meiner ganz persönlichen und spezifischen Wertlosigkeit. Mein erster Lehrer war der Pöbel, der sich auf fernen Boulevards zusammenrottete, grölend nach meinem Blut schrie und auf englischen Straßen nur allzubald ein Echo fand. Anfangs konnte ich nicht verstehen, welche Macht Eltern dazu treibt, ihren Kindern Schilder mit Mordparolen um den Hals zu hängen. Jetzt habe ich es begriffen. Diese Macht verbrennt Bücher und Strohpuppen und hält sich für heilig. Damals aber, als ich die Marschierer beobachtete, hatte ich das Gefühl, daß sie direkt über mein Herz hinwegmarschierten.

Und wieder einmal wurde ich durch Beispiele von anständiger Gesinnung, menschlicher Güte gerettet. Jedesmal, wenn ich erfahre, daß sich ein Leser irgendwo auf der Welt von den *Satanischen Versen* berührt fühlt, bewegt, unterhalten und angeregt, werden tiefe Gefühle in mir geweckt. Und heutzutage gibt es, wie mir mein Postsack beweist, immer mehr Leser dieser Art, Leser (auch Moslems), die bereit sind, meinem verbrannten, geschmähten Kind zu guter Letzt doch noch Gerechtigkeit zuteil werden zu lassen. Milan Kundera schreibt mir, er habe in diesem Buch eine tiefe Liebe zur moslemischen Kultur entdeckt, und ich bin überwältigt vor Dankbarkeit. Eine Moslime schreibt, sie finde die in meinem Buch dargelegten Ideen über die Geburt des

Islams trotz »Schocktaktik«, mit der sie präsentiert würden, positiv; und sofort wünsche ich mir, wie beim Anblick einer Sternschnuppe, daß ihre Religionsbrüder und -schwestern ihr, wenn es auch unmöglich erscheint, irgendwann einmal beipflichten werden.

Manchmal glaube ich, daß sich die Moslems eines Tages für die Taten der heutigen Moslems schämen werden, daß sie die »Rushdie-Affäre« genauso unmöglich finden werden wie der Westen das Verbrennen von Märtyrern. Eines Tages sind sie vielleicht auch der Meinung, daß Gedankenfreiheit – wie die europäische Aufklärung gezeigt hat – eben auch Freiheit von religiöser Kontrolle, Freiheit vom Vorwurf der Gotteslästerung ist. Vielleicht sehen sie auch ein, daß die Kontroverse um die *Satanischen Verse* im Grunde ein Streit um die Frage war, wer die Macht über die große Erzählung, die Geschichte des Islams, ausüben soll, und um die Meinung, daß diese Macht allen Gläubigen gleichermaßen zusteht. Daß selbst dann, wenn mein Roman minderwertig sein sollte, der Versuch, durch ihn die Geschichte neu zu erzählen, dennoch von Bedeutung ist. Daß andere dort, wo ich versagt habe, erfolgreich sein müssen, denn jene, die nicht die Macht über die Geschichte haben, die ihr ganzes Leben bestimmt, nicht die Macht, sie noch einmal neu zu erzählen, zu denken, zu analysieren, Witze darüber zu machen und sie zu verändern, wie sich die Zeiten ändern – jene Menschen sind wahrhaft machtlos, weil sie nicht zu neuen Gedanken fähig sind.

Eines Tages. Vielleicht. Aber nicht heute.

Heute geht meine Lektion in Wertlosigkeit weiter, und zu jenen, die Saul Bellow als meine »wirklichen Erzieher« bezeichnen würde, gehört jener Medien-Pandit, der erklärte, ein mannhafter Tod sei besser für mich, als mich wie eine Ratte zu verkriechen; jener Briefschreiber, der darauf hinweist, daß das Problem natürlich darin liegt, daß ich *aussehe* wie der Teufel, und der überlegt, ob ich vielleicht Bocksbeine und gespaltene Hufe habe; der »gemäßigte« Moslem, der mir schreibt, die Moslems fänden es »widerwärtig«, wenn ich von den iranischen Todesdrohungen spräche (wohlgemerkt, nicht die Fatwa ist widerwärtig, sondern die Tatsache, daß ich sie erwähnte); der eher maßlose Moslem, der mir rät, »den Mund zu halten«, und mir erklärt, wenn eine Fliege im Netz einer Spinne hängenbleibt, sollte sie tunlichst nicht die Aufmerksamkeit der Spinne erregen. Stellen Sie sich bitte doch mal vor, lieber Leser, was es heißt, 1000 Tage lang und länger Tag für Tag aus 1000 verschiedenen Richtungen intellektuelle und emotionale Prügel einstecken zu müssen!

Wieder oben im Ballon, stellt sich heraus, daß etwas lang Ersehntes, Herzerwärmendes geschehen ist. Denn dieses Mal sind, *mirabile dictu*, die vielen nicht geopfert, sondern gerettet worden. Das heißt, meine Gefährten, die westlichen Geiseln und die inhaftierten Geschäftsleute haben es mit viel Glück und Hilfe von außen geschafft, sicher auf der Erde zu landen, und sind zu ihren Familien und Freunden, sind in ihr eigenes, freies Leben zurückgekehrt. Ich freue mich für sie und bewundere ihre Courage, ihre Widerstandskraft. Und bin nun ganz allein in diesem Ballon.

Aber doch wohl in Sicherheit – oder? Nun wird sich der Ballon doch wohl gefahrlos auf einen nahen Landeplatz hinabsenken, und auch ich werde in mein Leben zurückkehren können! Jetzt bin doch wohl ich an der Reihe!

Aber der Ballon schwebt schon wieder über dem Abgrund und sinkt immer noch. Mir wird klar, daß er eine Menge wertvoller Fracht geladen hat. Handelsbeziehungen, Waffengeschäfte, das Gleichgewicht der Macht am Golf – all diese und noch mehr hochwichtige Probleme überlasten den Ballon. Ich höre Stimmen, die meinen, solange ich an Bord bliebe, sei diese kostbare Last gefährdet. Die nationalen Interessen werden neu definiert. Werde ich dabei hinausdefiniert? Soll ich doch noch über Bord geworfen werden?

Als Großbritannien auf der Vollversammlung der Vereinten Nationen im Jahre 1990 seine Beziehungen mit dem Iran wiederaufnahm, versicherte mir der britische Verhandlungsführer mit unzweideutigen Worten, daß man, was meinen Fall betreffe, wichtige Fortschritte gemacht habe. Die Iraner hätten sich insgeheim und unter fröhlichem Lachen bereit erklärt, die Fatwa zu vergessen. (Der Diplomat, der mir die Geschichte erzählte, legte großes Gewicht auf dieses fröhliche Gelächter der Iraner.) Sie würden ihre Bürger, Stellvertreter oder Bevollmächtigten »weder ermutigen noch ihnen erlauben«, gegen mich vorzugehen. Ach, wie gern hätte ich ihm geglaubt! Aber in der darauffolgenden Zeitspanne von etwas über einem Jahr mußten wir erleben, daß die Fatwa im Iran wiedereingesetzt, die Kopfprämie verdoppelt, der italienische Übersetzer des Buches schwer verletzt und sein japanischer Übersetzer erstochen wurde; es gab Hinweise auf gedungene Mörder, die mich, auf direkte Anweisung der iranischen Regierung und durch Vermittlung ihrer europäischen Botschaften, aufspüren und ermorden sollten. Ein weiterer Auftrag dieser Art wurde in Paris erfolgreich ausgeführt: das Opfer war Schapour Bachtiar, der harmlose alte Expremier des Irans.

Daraus läßt sich logischerweise schließen, daß das bei den Vereinten Nationen ausgehandelte Geheimabkommen nicht funktioniert hat. Schrecklicherweise jedoch hört man, während ich dies niederschreibe, überall von einer weiteren Verbesserung der Beziehungen zum Iran, während der »Fall Rushdie« als *quantité négligeable* abqualifiziert wird.

Sitze ich eigentlich in einem Ballon oder im Mülleimer der Geschichte?

Um es einmal ganz deutlich zu sagen: *Ich habe keine Möglichkeit, mich mit eigener Kraft aus dieser Sackgasse zu befreien.* Die Fatwa war von Anfang an politisch motiviert, sie bleibt ein Bruch des internationalen Rechts, und dieses Problem kann nur auf politischer Ebene gelöst werden. Für die Freilassung der westlichen Geiseln im Libanon wurden gewaltige Hebel in Bewegung gesetzt; starke Kräfte kamen ins Spiel; für Ian Richter wurden 70 Millionen Pfund aus eingefrorenen iranischen Guthaben »aufgetaut«. Wieviel dagegen ist ein von Terroristen bedrohter Romancier wert?

Wieder flüstert die Verzweiflung: »Keinen roten Heller.«

Aber ich weigere mich, vor der Verzweiflung zu kapitulieren.

Sie mögen fragen, warum ich so sicher bin, daß ich mir nicht selbst aus dieser Zwickmühle heraushelfen kann.

Ende 1990, als ich mich entmutigt, demoralisiert und verlassen fühlte, weil die britische Regierung beschlossen hatte, sich mit dem Iran zu versöhnen, und obendrein noch meine Ehe in die Brüche ging, wurde mir der tiefste Schmerz, ein unendlicher, unfaßbarer Kummer zugefügt, weil ich von den Kulturen und Gesellschaften, aus denen ich stets meine Kraft und Inspiration bezogen hatte, abgetrennt, aus ihnen verstoßen wurde, nämlich der großen Gemeinde britischer Asiaten und der noch größeren indischer Muslime. Also beschloß ich, Frieden mit dem Islam zu schließen, und sei es auf Kosten meines Stolzes. Jene, die von meinem Schritt überrascht und unangenehm berührt waren, vermochten womöglich nicht zu erkennen, daß ich durchaus kein entwurzelter Onkel-Tom-Verschnitt war. Für diese Menschen war es offenbar unbegreiflich, daß ich versuchte, zwischen den beiden kriegführenden Hälften der Welt, die auch die kriegführenden Hälften meiner eigenen Seele waren, Frieden zu stiften – und zwar aus einer tiefen Demut heraus und nicht aus jener Arroganz, die mir so häufig zugeschrieben wird.

In »gutem Glauben« schrieb ich: »Vielleicht könnte die gegenseitige Anerkennung dieses gemeinsamen Schmerzes einen Schritt nach vorn führen«, aber selbst gemäßigte Moslems hatten Schwierigkeiten mit dieser Vorstellung: Welchen Schmerz ich denn wohl erlitten haben könnte, fragten sie. *»Wovon ich überhaupt rede?«* Die Folge war, daß ich die wirklich wichtigen Dialoge in dieser Zeitspanne mit mir selbst führen mußte.

Salman, sagte ich mir, du mußt eine Botschaft aussenden, so laut, daß sie auf der ganzen Welt zu hören ist. Du mußt den normalen Moslems zu erkennen geben, daß du nicht ihr Feind bist, und im Westen ein bißchen mehr Verständnis für die komplexe moslemische Kultur wecken. Ich hatte gehofft, der Westen würde sich sagen, nun ja, wenn er persönlich in Gefahr schwebt und dennoch bereit ist, die große Bedeutung seiner moslemischen Wurzeln einzugestehen, sollten wir vielleicht beginnen, selbst auch ein bißchen weniger klischeehaft zu denken. (Leider vergeblich. Die Botschaft, die man aussendet, deckt sich nicht immer mit der, die ankommt.)

Und dann sagte ich mir: Gib's doch zu, Salman, die Geschichte des Islams hat eine weit umfassendere Bedeutung für dich als all die anderen großen Erzählungen. Gewiß, du bist kein Mystiker, und als du schriebst, *ich bin kein Moslem*, hast du das durchaus ernst gemeint. Offenbarungsglaube, buchstabengetreue Strenggläubigkeit, Formalismus – alles nichts für dich. Aber Islam muß nicht mit blindem Glauben gleichbedeutend sein. Er kann das sein, wofür er in deiner Familie immer gestanden hat, eine Kultur, eine Zivilisation, so aufgeschlossen wie dein Großvater, so herrlich streitsüchtig wie dein Vater, so intellektuell und philosophisch, wie du nur willst. Laß nicht zu, daß die Eiferer das Wort *Moslem* zu einem Einschüchterungsterminus verkommen lassen, redete ich mir zu; denk an die Zeiten, da es für dich *Familie* und *Licht* bedeutete.

Ich erinnerte mich selbst daran, daß ich immer behauptet habe, man müsse das in der Entstehung begriffene Konzept des »weltlichen Moslems« weiterentwickeln, der sich zwar, genau wie die weltlichen Juden, zu seiner Kultur bekennt, von der Theologie jedoch distanziert. Ich hatte kurz zuvor das Werk *Laïcité ou Islamisme* (»Laizismus oder Islamismus«) des zeitgenössischen moslemischen Philosophen Fouad Zakariya gelesen, und dieser Versuch des Autors, islamisches Gedankengut zu modernisieren, hat mir neuen Mut gemacht. Aber, Salman, sagte ich mir, du kannst nicht mitreden, solange du draußen vor der Tür stehen mußt. Du mußt die Schwelle überschreiten, den Diskussionsraum betreten und *dann* deine Auffassung eines vermenschlichten, historisierten, säkularisierten Moslemtums verteidigen. Ich dachte an meinen Fast-Namensvetter aus dem 12. Jahrhundert, den Philosophen Ibn Rushd (Averroës), der die Meinung vertrat (um den großen arabischen Historiker Albert Hourani zu zitieren), »nicht alle Suren des Korans sollten wortwörtlich genommen werden. Sobald die wörtliche Bedeutung der Koranverse der Wahrheit zu widersprechen scheint, zu der die Philosophen durch Anwendung von Logik gelangt sind, müßten diese Suren metaphorisch ausgelegt werden«. Aber Ibn Rushd war ein Snob. Nachdem er seiner Zeit mit dieser Idee weit vorausgeeilt war, schränkte er sie sehr schnell wieder ein und behauptete, derartige Sophistereien seien nur für die Elite geeignet; für die Massen genüge die buchstabengetreue Auslegung. Salman, fragte ich mich, ist der Zeitpunkt gekommen, Ibn Rushds Banner zu übernehmen und weiter voranzutragen, zu sagen, hört zu, Ideen wie diese sind heutzutage für jeden geeignet, für den Bettler ebenso wie für den Prinzen?

Mit diesen Vorstellungen im Kopf – und mit verwirrenden, quälenden Gedanken – legte ich vor Zeugen mein moslemisches Glaubensbekenntnis ab. Mein Wunschtraum jedoch, mich am Kampf um die Modernisierung des moslemischen Denkens, um Befreiung von den Fesseln der Gedankenpolizei zu beteiligen, war eine Illusion. Er hatte niemals eine Chance. Zu viele Leute hatten mich zu lange dämonisiert oder totemisiert, um mir noch ernsthaft zuzuhören. Im Westen wandten sich einige »Freunde« gegen mich und bedachten mich wieder einmal mit einer neuen Serie von Schimpfwörtern. Auf einmal hatte ich kein Rückgrat, war haltlos, jämmerlich, charakterlos; hatte mich selbst und meine Sache verraten; hatte vor allem aber *sie* verraten.

Außerdem hatte ich es mit den steinharten, herzlosen Überzeugungen des real existierenden Islams zu tun, und damit meine ich die politische und priesterliche Machtstruktur, die heutzutage alle Moslemgemeinschaften beherrscht und erstickt. Der real existierende Islam hat es niemals geschafft, irgendwo auf der Welt eine freie Gesellschaft zu gründen, und würde niemals zulassen, daß ausgerechnet ich mich für diese Idee einsetzte. Auf einmal befand ich mich (metaphorisch) von Menschen umgeben, deren Sozialverhalten ich mein Leben lang bekämpft hatte – ihr Verhalten den Frauen gegenüber zum Beispiel (ein Islamit brüstete sich mir gegenüber damit, daß seine Frau ihm die Fußnägel schnitt, während er telefonierte, und schlug mir vor, mir auch so eine Ehepartnerin zuzulegen) oder den Homosexuellen gegenüber (einer der Imams, mit denen ich im Dezember 1990 zusammenkam, trat kurz darauf im Fernsehen auf, wo er die moslemischen Homosexuellen als kranke Geschöpfe bezeichnete, die Schande über ihre Familien brächten und medizinischer wie psychiatrischer Hilfe bedürften).

War ich wirklich unter solche Menschen geraten? *Das hatte ich wirklich nicht gewollt.*

Angesichts dieser eisernen, unerbittlichen Härte, dieser philisterhaften Verachtung, die einen so großen Teil des real existierenden Islams kennzeichnen, kam ich zögernd zu dem Schluß, daß es keine Möglichkeit für mich gab, zur Schaffung jener Moslemkultur beizutragen, von der ich träumte, jener fortschrittlichen, respektlosen, skeptischen, streitlustigen, spielfreudigen und *furchtlosen* Kultur, die alles ist, was ich von jeher unter *Freiheit* verstanden habe. Nicht für mich, nicht, solange ich lebe, keine Chance. Der real existierende Islam, der seinen Propheten praktisch zum Gott erhoben hat, einen Mann, der diese Vergöttlichung zeit seines Lebens leidenschaftlich bekämpfte; dieser Islam, der eine priesterfreie Religion durch eine von Priestern beherrschte ersetzte; der den Buchstabenglauben zur Waffe macht und Neuinterpretation zum Verbrechen erklärt – dieser Islam wird Menschen wie mich niemals akzeptieren.

Ibn Rushds Ideen waren seinerzeit unterdrückt worden. Und heute befinden sich fortschrittliche Ideen in der gesamten islamischen Welt auf dem Rückzug. Der real existierende Islam besitzt die absolute Macht, und genau wie der jüngst erst vernichtete »real existierende Sozialismus« des Terrorstaates Sowjetunion die Utopie von Frieden und Gleichheit aller Menschen, von denen die Sozialdemokraten geträumt haben, auf grausige Weise zur Farce gemacht hat, ist auch der real existierende Islam eine Macht, vor der ich niemals kapituliert habe, der ich mich nie unterwerfen kann.

Es gibt einen Punkt, an dem Versöhnung eher wie Kapitulation aussieht. Ich glaube nicht, daß ich diesen Punkt bereits erreicht habe, doch andere sind da nicht meiner Meinung.

Ich habe mein Buch niemals verleugnet, noch habe ich bedauert, es geschrieben zu haben. Ich habe erklärt, daß ich es bedaure, Menschen verletzt zu haben, weil das nicht in meiner Absicht lag, und mein Bedauern ist aufrichtig. Ich habe erklärt, daß Schriftsteller nicht mit jedem Wort einverstanden sind, das eine von ihnen geschaffene Person äußert – eine Binsenweisheit in der Welt der Bücher, für die Gegner der *Satanischen Verse* jedoch ein unaufhörliches Mysterium. Ich habe immer betont, daß dieser Roman absichtlich schlechtgemacht wurde. Tatsächlich bestand für mich der größte Vorteil, den ich aus der Zusammenkunft mit den sechs islamischen Gelehrten am Heiligen Abend 1990 gezogen habe, in der Versicherung dieser Herren, dem Roman lägen keinerlei verletzende Motive zugrunde. »Im Islam zählen die Absichten, die man hat«, bekam ich zu hören. »Wir werden für Sie jetzt eine weltweite Kampagne starten, um deutlich zu machen, daß es sich hier um ein Mißverständnis handelt.« Und alles immer wieder mit Lächeln, Freundlichkeiten und Händeschütteln. In dieser Atmosphäre erklärte ich mich einverstanden, eine Taschenbuchausgabe vorläufig aufzuschieben – nicht rückgängig zu machen –, um das zu schaffen, was ich als Zeitraum für eine Versöhnung bezeichnete.

Leider überschätzte ich diese Herren. Innerhalb weniger Tage hatten sie alle, bis auf einen, ihr Versprechen gebrochen und wieder von neuem damit begonnen, mich und mein Buch zu verleumden, als hätten wir uns niemals die Hand gereicht. Ich kam mir vor (und war es vermutlich auch) wie ein tumber Tor. Der vorläufige Verzicht auf eine Taschenbuchausgabe wirkte natürlich sofort wie eine Kapitulation. Und nun, nach den Anschlägen auf meine Übersetzer, wirkt er sogar noch unterwürfiger. Es ist jetzt mehr als drei Jahre her, daß die *Satanischen Verse* veröffentlicht wurden; das ist ein sehr langer »Zeitraum für eine Versöhnung«. Lang genug. Ich gebe zu, daß es ein Fehler war, in diesem Punkt nachzugeben. Die *Satanischen Verse* müssen frei zugänglich und für jeden erschwinglich sein, und sei es nur, weil die vergangenen drei Jahre, wenn das Buch nicht gelesen und gründlich studiert würde, verschwendet gewesen wären. Denn wer die Vergangenheit vergißt, ist dazu verdammt, sie zu wiederholen.

»Das Leben lehrt uns, wer wir sind.« Ich habe sehr viel Lehrgeld bezahlt, bis ich erkannte, daß man so gut wie tot ist, wenn man sich die Realitätsauffassung eines anderen aufzwingen läßt, und ich wurde mit fremden Auffassungen buchstäblich überschüttet – von Sicherheitsberatern, Regierungen, Journalisten, Erzbischöfen, Freunden, Feinden und Mullahs. An einem starren, absolutistischen Scheuklappenweltbild läßt sich vermutlich am leichtesten festhalten; während das fließende, unbestimmte, wandlungsfähige Bild, das ich stets mit mir herumgetragen habe, weitaus anfälliger für Beschädigungen ist. Dennoch muß ich mit aller Kraft an diesem Chamäleon festhalten, dieser Schimäre, diesem veränderlichen Ding, meiner eigenen Seele; muß an ihren mutwilligen, ikonoplastischen, eigensinnigen Narreninstinkten festhalten, und wenn es noch so stürmisch wird. Und wenn mich das in Widersprüche und Paradoxien stürzt, so ist mir das gleichgültig; ich habe mein Leben lang auf unruhiger See gelebt. Habe darin die Netze nach meiner Kunst ausgeworfen. Dieses aufgewühlte Meer war das Meer vor meinem Schlafzimmerfenster in Bombay. Es ist das Meer, an dessen Küste ich geboren wurde und das ich mit mir trage, wo immer ich bin.

»Die Redefreiheit ist ein Versager«, behauptet einer meiner islamisch-extremistischen Gegner. Nein, Sir, das ist sie nicht. Die Redefreiheit ist einfach alles, ist Alpha und Omega. Die Redefreiheit ist das Leben selbst.

Damit wäre meine Rede aus diesem angeschlagenen Ballon beendet. Und nun sollte ich die große Frage beantworten: Was ist mein einzelnes Leben wert?

Ist es mehr wert, oder weniger, als die fetten Verträge und die politischen Abkommen, die mit mir hier eingeschlossen sind? Ist es mehr wert, oder weniger, als die guten Beziehungen zu einem Land, in dem im April 1991 800 Frauen jeweils 74 Peitschenhiebe erhielten, weil sie keinen Schleier trugen; in dem die achtzigjährige Schriftstellerin Miriam Firouz noch immer im Gefängnis sitzt und sogar gefoltert wurde; und dessen Außenminister auf die Kritik am traurigen Rekord seines Landes im Hinblick auf die Menschenrechte antwortet: »Die internationale Kontrolle der Handhabung der Menschenrechte im Iran muß irgendwann ein Ende haben... Der Iran kann eine derartige Überwachung nicht mehr lange dulden.«

Sie müssen entscheiden, was ein Freund seinen Freunden wert ist, was der Sohn der Mutter, der Vater dem Sohn wert ist. Sie müssen entscheiden, was das Gewissen, das Herz und die Seele eines Menschen wert sind. Sie müssen entscheiden, was ein Schriftsteller wert ist, welchen Wert Sie einem Geschichtenerfinder beimessen und einem Mann, der mit der Welt rechtet.

Ladies and Gentlemen, der Ballon sinkt in den Abgrund.

(Diese Rede hielt Salman Rushdie bei seinem überraschenden Auftritt an der Columbia University, New York, im Dezember 1991.)

28. 1. 1992

Günter Grass: *Handgranate in Christbaum*

Lieber Salman Rushdie,

in Deiner Rede »1000 Tage im Ballon«, die für deutschsprachige Leser Anfang Januar in der Wochenzeitung *Die Zeit* veröffentlicht wurde, können die Bitte um Beistand und der zum Schluß verzweifelt laute Ruf nach Hilfe – »der Ballon sinkt in den Abgrund« – eigentlich nicht überhört werden; dennoch befürchte ich, daß die Vielzahl bedrohlicher Aktualitäten, deren Gedränge kaum noch Übersicht, geschweige denn Einsicht erlaubt, Deinen Ruf überschreien wird, zumal in Deutschland, wo sich die seit Jahresfrist behauptete Einheit der Nation durch penible Selbstbeschäftigung einzuüben beginnt. Dabei will man sich nicht stören lassen. Außerdem drohen von Ost und Süd her Völkerwanderungen, die unseren Wohlstand anknabbern wollen. Wir, als Germanen, wissen von der Schulbank her, wie gut zu Fuß wir in grauen Vorzeiten gewesen sind. Und deshalb wissen wir, wovor zu warnen und was ratsam ist: die Festung Europa!

Was zählt den Selbstgerechten die Klage eines Schriftstellers, der als Inder behauptet, Brite zu sein, und überdies selber schuld ist an seiner, zugegeben, fatalen Lage. Diese Morddrohung vor demnächst drei Jahren. Schlimm war das, barbarisch und verurteilenswert. Doch mehr konnte man nicht tun. Und unter Duckmäusern gesagt: Hätte dieser Rushdie nicht leiser, verträglicher und – bei all seiner Begabung – mit mehr Rücksicht schreiben können? Dazu dieser viel zu provokante Buchtitel: *Die satanischen Verse*!

Ich übertreibe nicht. Oft genug habe ich dieses halb gequälte, halb genierte Weghören und Drumherumhören erlebt, zuletzt anläßlich der Frankfurter Buchmesse, als der bundesdeutsche Wirtschaftsminister gerade in Teheran für Großprojekte Gutwetter gemacht hatte und ihm die Frankfurter Messeleitung dienstwillig behilflich sein wollte.

Und doch, lieber Salman, bist Du nicht allein. Dieser Brief und – wie ich hoffe – weitere Briefe sollen ein Versuch sein, Deinem Verbannungsort, der metaphorischen Gondel, Auftrieb zu geben. Mehr noch: Ich möchte, wenn Du erlaubst, eine Zeitlang Dein Gast, Dein Mitreisender sein. Selbst wenn es uns nicht gelingen sollte, die wahlverwandte Heiterkeit unserer ersten Begegnung – das war damals, als *Mitternachtskinder* in deutscher Buchausgabe erschienen – wieder heraufzubeschwören, die kollegiale Nähe ist uns geblieben und mit ihr das Vergnügen am Sinn und Unsinn akrobatischer Wortübungen. Vielleicht kann uns jene Abbildung einen Hinweis geben, mit der Deine Klage »1000 Tage im Ballon« im Feuilleton der *Zeit* illustriert wurde: Max Beckmanns Luftakrobaten, ein Bild, auf dem in der Gondel eine frontal lächelnde Dame ein Fähnchen schwingt und ein Mann kopfüber aus der Gondel zu stürzen scheint, doch sind seine Füße nach Art der Akrobaten mit der Gondel verknotet, so daß er sogleich in der Lage sein wird, auf Beckmanns Lieblingsinstrument, der mitgeführten Trompete, zu blasen: einen Marsch oder Choral, einen Blues oder Signale, auf jeden Fall Töne, die dem Ballon Wind machen werden.

Sind es nicht diese Bilder, die uns in verzweifelter Lage Mut machen? Bilder, die das Entsetzen nicht preisgeben, die nichts beschönigen, deren Poesie jeden Härtetest aushält?

Zum Jahresende sah ich im Fernsehen zwischen den üblichen und mittlerweile alltäglichen Katastrophenmeldungen einen Bericht von der kroatisch-serbischen Bürgerkriegsfront. Ein kroatischer Soldat schmückte, weil ja das allerchristlichste Fest im Kalender stand, einen Weihnachtsbaum, indem er Eierhandgranaten in die Zweige hängte: knackig genoppte, dekorative Früchte. Wer will da Blasphemie, Gotteslästerung schreien! Ich weiß nicht, welche Gedanken diesen Soldaten bewegt haben. Ich nehme an, daß er, solange das Fernsehen draufhielt, besonders konzentriert tätig gewesen ist. Vielleicht hat er seine schmükkende Arbeit, weil der Kameramann nicht zufrieden sein wollte, mehrmals wiederholen müssen. Und doch ist es ihm, absichtlich wie unabsichtlich gelungen, seiner Zeit, unserer Zeit, der allerneuesten Barbarei Ausdruck zu geben. Wahrhaftiger hätte er den

Christbaum nicht schmücken können. Ich bin gewiß: Jener etwa dreißigjährige, immer noch junge Mann aus Nazareth, dieser sanfte Aufrührer und zornige Tempelreiniger, jener schriftkundige Gegner aller hohepriesterlichen Dogmatiker, der uns als Jesus Christus überliefert ist und den man als revolutionären Anstifter sicherheitshalber in Kirchen eingesperrt hat, hätte keine Einwände gehabt angesichts der Eierhandgranaten im Weihnachtsbaum. Jesus Christus liebte Provokationen; weshalb ich auch sicher bin, daß jener Mann namens Mohammed, der uns als Prophet überliefert ist, die Romane des Schriftstellers Salman Rushdie und insbesondere die *Satanischen Verse* mit Vergnügen gelesen hätte.

Beckmanns scheinbar aus der Gondel stürzender Trompeter und der den Christbaum mit Eierhandgranaten schmückende Soldat sind unsere Brüder. Wer noch, Salman, wer noch? Wir haben unsere Erfahrungen mit Priestern und Politikern gemacht. Auf sie ist wenig Verlaß. Ihr Handeln ist von Interessen bestimmt. Als vor einem Jahr der Golfkrieg begann, meinten beide Seiten genau zu wissen, was gut, was böse ist. Also handelten sie jeweils in Gottes Namen. Das Ergebnis war mörderisch, die Toten blieben ungezählt.

In Deiner Klageschrift »1000 Tage im Ballon« sprichst Du von »Sicherheitsberatern, Regierungen, Journalisten, Erzbischöfen, Freunden, Feinden, Mullahs«, die an ihrer »engstirnigen, absolutistischen Weltsicht« festhalten und diese Dir vorschreiben wollen. Dagegen setzt Du das »ungewisse, unbestimmte, das metaphorische Bild«, das Du Dein Lebtag lang mit Dir herumgetragen hast, das Dich verwundbar macht. Am Ende bestehst Du darauf, daß Du Dich weiterhin mit aller Kraft an den »Gestaltenbeweger« Deiner eigenen Seele und an ihren »boshaften, bilderstürmerischen, unberechenbaren Narreninstinkt« halten mußt. Du sprichst von einem »schmutzigen Ozean«, in dem Du nach Deiner Kunst gefischt hast, und beschwörst noch einmal die aufgewühlte See zu Füßen der Stadt Bombay: »Es ist die See, an deren Gestade ich geboren wurde und die ich in mir trage, wo immer ich hingehe.«

Vor vielen Jahren, lieber Salman, haben wir beide fürs Fernsehen ein Gespräch, unter anderem über Dein verlorenes Bombay, mein verlorenes Danzig geführt. Wir erkannten uns wechselseitig in der gemeinsamen Erfahrung, daß uns Verlust beredt gemacht hat. Verlust ist Voraussetzung unserer Geschichten. Also laß uns weiterhin, Du im schmutzig aufgewühlten Indischen Ozean, ich in meiner vergifteten Ostsee, nach Wörtern fischen, die verquer stehen und von vielen Wirklichkeiten erzählen, die nicht dulden wollen, daß nur die eine, uns zwangsverordnete Wirklichkeit gilt.

Sei bitte sicher, daß ich Deine täglichen Ängste und trügenden Hoffnungen mitzuleben versuche, auch Deinen der Furcht abgezwungenen Mut.

Ich grüße Dich in der Gondel

Dein *Günter Grass*

29. 1. 1992

Johannes Mario Simmel: *Business As Usual*

Sehr verehrter, lieber Mr. Salman Rushdie,

dieser Brief ist ein Versuch, Sie ein wenig zu trösten, indem ich Ihnen den wahren Grund für Ihre furchtbare Lage klarmache. Der wahre Grund lautet: Sie haben sich mit Ihrem Buch eingemischt in das Spiel der Urgewalten der Natur.

Das hat ein Freund, amerikanischer Wirtschaftsforscher, gesagt, mit dem ich mich vor ein paar Tagen unterhielt.

Sie, Mr. Rushdie, sagte mein amerikanischer Freund, sind ein großer Dichter, ein idealistischer Träumer, der noch in Begriffen wie Nationen, Staaten, Ideologien, Göttern, der Freiheit von Furcht und Not, der Freiheit der Rede und des Glaubens, der Demokratie, der Gerechtigkeit und der Menschenrechte denkt. Es gibt aber, Mr. Rushdie (sagte mein amerikanischer Freund), keine Nationen, Staaten und Ideologien mehr, es gibt keine Freiheit, keine Demokratie, keine Menschenrechte, es gibt keinen Osten, keinen Westen, keine Dritte Welt und keine Götter mehr.

Es gibt *Höheres*!

Nämlich nur noch ein einziges, riesiges, ungeheuer verflochtenes, sich gegenseitig beeinflussendes, multivariables und multinationales System von Konzernen wie IBM und ITT und Union Carbide und MBB und Thyssen und Exxon. Und dieses System unterliegt den unwandelbaren Gesetzen der Wirtschaft. Die Welt, lieber, sehr verehrter Mr. Rushdie, ist ein Kaufhaus, die Welt, sehr verehrter, lieber Mr. Rushdie, ist ein Geschäft. Und Sie haben mit Ihrem Buch – für eine sehr kleine Weile natürlich nur – dieses Geschäft gestört.

Lassen Sie mich Ihnen das anhand des deutschen Geschäftszweiges, nicht des internationalen, erläutern, in Deutschland kenne ich mich besser aus.

Ihre Störung mußte schnellstens behoben werden, das ist klar. Bereits am 1. Juli des vergangenen Jahres meldete die Nachrichtenagentur AFP – ich erfinde nichts, ich zitiere ausnahmslos Fakten –, Bundesaußenminister Jürgen Möllemann weile zur Zeit in Teheran (woselbst Ayatollah Khomeini Sie mit dem Todesbann wegen Ihres Buches *Die satanischen Verse* belegt hatte) zwecks Gesprächen über den Ausbau der deutsch-iranischen Wirtschaftsbeziehungen. Die Bundesrepublik, heißt es in der Meldung, ist der wichtigste Handelspartner des Iran, der wiederum der wichtigste deutsche Absatzmarkt im Nahen Osten ist. Herr Möllemann wurde von einer Gruppe deutscher Geschäftsleute und Industriellen begleitet, die fünfunddreißig deutsche Firmen vertraten. Ausfuhren in den Iran, so war aus diplomatischen Kreisen zu hören, konnten künftig in unbegrenzter Höhe durch Bonner Hermes-Bürgschaften gedeckt werden, die deutsche Regierung hatte die bisherige Höchstdeckungsgrenze von fünfhundert Millionen aufgehoben.

Die deutsche Regierung (im Verein mit vielen anderen Regierungen) tat wirklich alles, um Ihre Störung aus der Kaufhaus-Welt zu schaffen. Experten rechneten damit, daß das bilaterale Handelsvolumen von 4,6 Milliarden Dollar im Jahr 1990 auf 6 Milliarden Dollar im Jahr 1991 steigen würde.

Angesichts dieser beglückenden Erhöhung erhöhten die Nachfolger des Ayatollah Khomeini auch den Kopfpreis für Ihr Leben auf 4,5 Millionen Dollar, und, ebenfalls im Juli 1991, da in Teheran die Verhandlungen des Herrn Möllemann einen derart erfolgreichen Abschluß fanden, wurde in Mailand der italienische Übersetzer Ihrer angeblich blasphemischen »Verse« niedergestochen, und Ihr japanischer Übersetzer wurde in Tokio ermordet. Sie beginnen zu verstehen, Mr. Rushdie, daß die Welt ein Geschäft ist.

Und was für eines.

Schon im Februar 1991 (da lebten Sie bereits seit zwei Jahren, von der Polizei versteckt, im Untergrund) hatte Außenminister Genscher mit seinem iranischen Kollegen die Möglichkeiten eines Kulturaustausches erörtert, und sein Auswärtiges Amt hatte den Buchmessechef, Herrn Peter Weidhaas, brieflich darauf hingewiesen, daß der seit dem Mordbefehl gegen Sie bestehende Boykott iranischer Verleger den aufblühenden Wirtschaftsbeziehungen nicht eben förderlich sei. In der Folge, lieber Mr. Rushdie, beschlossen Herr Weidhaas und die »Ausstellungs- und Messe-GmbH des Börsenvereins des Deutschen Buchhandels«, den Boykott aufzuheben und acht iranische Verlage zur Buchmesse 91 einzuladen.

Und schon im April reiste eine Bonner Delegation mit Herrn Barthold C. Witte, dem Kulturchef im Auswärtigen Amt, nach Teheran. Auch Herr Weidhaas flog mit. Es wurde ein »Iranisches Kulturfestival« in Düsseldorf vereinbart, das von der Stadt Düsseldorf, dem Teheraner Ministerium für Islamische Führung und – hier fehlt doch noch etwas! – und von der Thyssen Handelsmission – na also, da haben wir es ja schon! – veranstaltet wurde.

Das künstlerische Ereignis mit Darbietungen wie »Musik aus Täbris« und »Klassik aus Teheran« fand im September 1991 statt, die Buchmesse vom 9. bis 14. Oktober, also unmittelbar danach. Vor diesem zweiten künstlerischen Ereignis war Herr Peter Weidhaas arg von der Presse gebeutelt worden für seinen Entschluß, acht iranische Verlage einzuladen. (*Die Zeit:* »Schande über eine Buchmesse, die den massiv von der Ermordung bedrohten Schriftsteller Rushdie auf diese Weise geradezu verrät.« Die *FAZ*: »Der Wortbruch der Messe muß den von westlicher Schwäche zutiefst überzeugten Fundamentalisten neuen Auftrieb verleihen.« Die *taz*: »business as usual.«)

Herr Weidhaas indessen: »Wir sehen keine Möglichkeit, die Entscheidung zu revidieren... wir sind kein« – kein Kaufhaus? Nicht doch! – »keine moralische Anstalt und keine Zensoren, sondern haben die Aufgabe, alle Länder der Welt auf diesem Buchmarkt zusammenzuführen.«

Herr Weidhaas, der den kleinen Hinweis des Auswärtigen Amtes so intensiv verinnerlicht hatte, sah dann doch noch eine Möglichkeit, zu revidieren – als nämlich große amerikanische und deutsche Verlage empört protestierten und mit Fernbleiben drohten. Da lud Herr Weidhaas – laut AP-Vorrangmeldung vom 26. September, dem nämlichen September, da in Düsseldorf das »Iranische Kulturfestival« zelebriert wurde – die acht iranischen Verlage, die er eingeladen hatte, wieder aus, um, wie es in einer

Erklärung hieß, »die Arbeitsfähigkeit der Buchmesse 91 sicherzustellen«.

Was lernen wir daraus wieder einmal, Mr. Rushdie?

Daraus lernen wir wieder einmal, daß es sich bei der Literatur und allen andern schönen Künsten nur um Feigenblätter handelt, hinter denen diese rauhe Welt ihre Geschäfte ein wenig verbergen kann.

Es wäre, lieber Mr. Rushdie, nur menschlich, wenn Sie, der jederzeit damit rechnen muß, ermordet zu werden, nun sagten, Feigenblatt oder verfolgter Autor, das sei Ihnen absolut gleichgültig, was man mit Ihnen getan hat und tut, ist ein Verbrechen, und jemand müßte endlich etwas so Entscheidendes gegen dieses Verbrechen tun, daß Sie nach all der Zeit im Untergrund endlich wieder in Frieden und Sicherheit leben können.

Wohl wahr, Mr. Rushdie. Indessen dürfen Sie wirklich nicht immer nur an sich denken. Sehen Sie: Im August 1991 – nur ein Beispiel – liehen deutsche Banken – bis zum letzten Pfennig abgesichert mit Bonner Hermes-Bürgschaften (dpa-Meldung vom 13. August) – dem Iran eine halbe Milliarde D-Mark, mit welcher deutsche Lieferungen und Leistungen beim Wiederaufbau, der Modernisierung und Erweiterung von petrochemischen Projekten finanziert werden sollten. Was, lieber Mr. Rushdie, wenn der Iran die halbe Milliarde *Ihretwegen* nicht genommen hätte? Ach, und denken Sie erst an die so unerhört zahlreichen deutsch-iranischen Projekte im Rahmen des Teheraner Fünfjahresplans. Was liefern wir alles...

Natürlich haben wir unerhört strenge Exportbestimmungen – aber es verhält sich mit ihnen so wie mit der Weißen Königin in *Alice im Wunderland*: Die schreit zunächst laut auf, und dann erst sticht sie sich. Zunächst liefern unsere heroischen Unternehmer Giftgas und Giftfabriken nach Libyen, in den Irak und an viele andere Interessenten, und dann erst droht Bonn mit *noch* strengeren Exportbestimmungen. Deutsche Firmen haben Tornado-Jagdbomber an Israels Nachbarn Jordanien geliefert, Atomanlagen oder die wichtigsten Teile davon in den Irak, nach Indien, Pakistan und so weiter, Grundelemente der »scud«-Raketen gleichfalls in den Irak, von wo aus sie sodann im Golfkrieg auf Israel abgefeuert wurden, und Waffen einfach überallhin, wo man Waffen verlangt, und man verlangt sie einfach überall.

Warum das alles, Mr. Rushdie, warum? Aus schnöder Gewinnsucht? Niemals! Das alles geschieht allein aus sozialen Gründen! Damit keine *Arbeitsplätze* verlorengehen! Lieber Mr. Rushdie, seien Sie des Mitgefühls aller Wirtschaftsführer im Westen versichert, aber bitte, bedenken Sie auch dies: Mit Ihnen ginge – schlimmstenfalls – *Ihr* Arbeitsplatz verloren. Wenn wir – und die Amerikaner und die Franzosen und so viele andere Ihretwegen mit dem Iran keine Geschäfte machten – wie viele Arbeitsplätze gingen *dann* verloren? Hunderttausende, Mr. Rushdie, viele Hunderttausende! Das sehen Sie doch ein, nicht wahr? Gemeinnutz geht vor Eigennutz, ein deutsches Sprichwort. Und also wäre der Kreis geschlossen.

Sie haben sich mit Ihrem Buch eingemischt in die Urgewalten der Natur, sagte mein amerikanischer Freund. Ein Buch über die Welt als Geschäft hätten Sie schreiben sollen! Nichts, überhaupt nichts wäre Ihnen geschehen! Sie sehen ja, die Herren verrichten Ihre Arbeit verantwortungsvoll, stolz, öffentlich und aufrechten Ganges. Dieses Buch, Mr. Rushdie, dieses Buch – und alles wäre gut gewesen.

Herzlichst Ihr

Johannes Mario Simmel

P. S. Ich habe gerade gelesen, was ich schrieb, und mir ist ganz elend. Das stimmt ja nicht, was ich zuletzt behaupte! Ein Buch über die Welt als Kaufhaus hätte Ihnen doch sofort und von denselben Leuten den Vorwurf der *politischen* Blasphemie beschert, und das gleiche Schicksal wäre Ihnen beschieden gewesen. Verzeihen Sie, Mr. Rushdie, bitte, verzeihen Sie mir! Ich wollte Sie trösten. Jetzt sehe ich, wie ganz und gar falsch ich das angefangen habe. Weshalb nur? Ob es daran liegt, daß es keinen Trost gibt?

30.1.1992

Nadine Gordimer:
Ein Lehnwort aus dem Arabischen

Lieber Salman,

jedesmal, wenn ich einen Artikel über Sie schreibe, bin ich voller Hoffnung, er werde noch vor dem Abdruck überflüssig geworden sein: weil die Fatwa, die Ihren Tod verlangt, aufgehoben wurde. Ich wünsche Ihnen von ganzem Herzen, daß mein Brief Sie erst erreicht, wenn diese unbeschreibliche Qual hinter Ihnen liegt.

Immer wieder frage ich mich und andere: Wie hat die Welt zulassen können, daß das mörderische Urteil gegen Sie Jahr um Jahr weiterbestehen konnte? Warum haben die demokratischen Regierungen, und insbesondere die britische Regierung, die gegen Menschenrechtsverletzungen in aller Welt auftreten, nicht auch diese grobe Verletzung verurteilt? Wenn das Leben eines einzelnen Menschen entbehrlich ist – warum wurden dann für einzelne politische Geiseln langwierige Bemühungen und endlose Verhandlungen aufgewendet? Wird auf der Schwelle des 21. Jahrhunderts die religiöse Verfolgung wieder geduldet, die politische aber nicht? Warum hat amnesty international nicht auch Ihre Form der Einkerkerung anerkannt, bei der die ganze Welt zu Ihrem Gefängnis wird, weil Sie nirgends auf Erden einen Ort finden, an dem sich die Fatwa, die Ihren Tod rechtfertigt, nicht gegen das Gesetz des jeweiligen Landes stellen würde? Warum sehen die Vereinten Nationen Sie nicht als das, was Sie sind: als Beute und – jeden Tag, überall – mögliches Opfer des internationalen Terrorismus? Ist der internationale Terrorismus akzeptabel, sobald er im Dienste einer großen und angesehenen Religion auftritt?

Man hat mir gerade das *Oxford Dictionary of New Words* geschickt. Beim Durchblättern bemerkte ich plötzlich, daß das Wort »Fatwa« inzwischen in die englische Sprache Eingang gefunden hat. Da steht es, als allgemein gebräuchlich anerkannt, neben »fast food«, versehen mit dem Gütesiegel der Aufnahme in ein angesehenes Wörterbuch. Dies kann nur eines bedeuten: Die Fatwa ist tatsächlich akzeptabel als Faktum des Lebens – Ihres Lebens. Die Etymologie des Wortes wird kurz dargestellt: »Eigentlich ein Lehnwort aus dem Arabischen (in der Form *fetfa* oder *fetwa*)... erhielt die *fatwa* im Februar 1989 in den englischsprachigen Medien eine neue Bedeutung, als der Ayatollah Khomeini des Iran eine *fatwa* erließ, die den britischen Schriftsteller Salman Rushdie zum Tode verurteilte wegen der Veröffentlichung des Buches *Die Satanischen Verse* (1988), das viele Moslems als gotteslästerlich und in höchstem Maße beleidigend einschätzen. *Fatwa* ist ein Sammelbegriff für jede Rechtsentscheidung eines Mufti oder einer anderen islamischen religiösen Behörde, aber wegen des besonderen Zusammenhangs, in dem das Wort im Westen bekannt wurde, wird es manchmal irrtümlich mit der Bedeutung ›Todesurteil‹ gebraucht.« (Hervorhebungen von mir.)

Eine tödliche Bekanntschaft. Aus dem vorbedachten Mord verschwindet der Schrecken; Semantik versöhnt ihn mit dem Alltag. Als beiläufiges Wissen ist das Wort nun anerkannt; die Liebhaber von Kreuzworträtseln werden es zu schätzen wissen.

Tatsächlich *ist* es relevant für unseren Alltag, wer wir auch sind – auf eine andere, grelle Weise, wie sie den meisten fremd bleiben wird. Menschen müssen nicht Schriftsteller sein, um in ihrem eigenen Leben oder dem zukünftigen Leben ihrer Kinder den Drohungen von Fanatikern ausgesetzt zu sein – religiösen, rassistischen, sexistischen. Ein Mensch kann abgeschieden leben und sich als Maus verkleiden; kann aber dennoch eines Tages – wegen der Farbe seiner Haut oder der Art seiner persönlichen Beziehungen oder der nationalen Herkunft seines Großvaters – als Paria dem Untergang geweiht sein; Gleichgültigkeit gegenüber einer spezifischen Gefahr ist tödlich für die Freiheit im allgemeinen.

Schriftsteller, die unter einem besonderen Risiko leben, können die Fatwa niemals als eine Erscheinung verdrängen, die lediglich einem anderen widerfahren ist. Wenn die Mächte des internationalen Terrorismus dem Fanatismus zu Diensten stehen, werden Norden und Süden zu einem einzigen Jagdrevier. In der Woche Ihres scheußlichen Jubiläums nehme ich an einer Konferenz afrikanischer Schriftsteller aus dem ganzen Kontinent teil, und ich habe sie soeben daran erinnert, daß das, was Ihnen zugestoßen ist, uns im Herzen und in jeder Faser unseres Schreibens angeht. Das große Thema der *Satanischen Verse* betrifft uns und wird uns – in der afrikanischen Literatur als Teil der weltweiten nachkolonialen Literatur – immer betreffen, denn Ihr Roman ist eine innovative Erforschung einer der intensivsten Erfahrungen, die uns gemeinsam sind: der des einzelnen Menschen zwischen zwei Kulturen, die in dieser nachkolonialen Welt zusammenkommen – in einer Arena, die Europa und die beiden Amerika ebenso umfaßt wie die einst kolonialisierten Gebiete.

Sie haben durch keine Figur Ihres Buches Blutvergießen empfohlen oder gefordert; der Präzedenzfall einer Fatwa gegen Ihr Leben ist ein Verbrechen gegen die Menschheit und wirft auch einen Schatten auf die freie Entwicklung der Literatur an jedem Ort.

Lieber Salman, mögen Sie diesen Brief zerreißen können als etwas, das Sie nicht mehr brauchen: die Unterstützung von Schriftstellerkollegen und Freunden in der schrecklichen Prüfung, die Sie mit unvorstellbarem Mut durchgestanden haben. Mögen wir uns nur noch aus der Welt der Phantasie schreiben können, aus dem schönen Kampf um das richtige Wort, in dem wir versuchen, dem Leben einen Sinn zu geben, für uns und die Leser unserer Bücher.

In Liebe, *Nadine Gordimer*

31. 1. 1992

José Saramago: *Die Straße von Santiago*

Lieber Salman Rushdie,

so manches Mal in diesen drei langen Jahren, die Sie sich schon versteckt halten vor denen, die Sie töten wollen, mußte ich daran denken, daß Sie, im Gegensatz zu den Mönchen, die sich von der Welt zurückziehen, um Gott näher zu sein, die Welt verlassen mußten, um vor Gott zu fliehen. Gerade im Namen Gottes haben die Menschen Sie verurteilt, aber nachdem so viel Zeit verstrichen ist, ohne daß Er (ich benütze den traditionellen Großbuchstaben) sein Einverständnis mit diesem Urteilsspruch manifestiert, viel weniger noch ein Zeichen gegeben hätte, daß Er selbst es mit seinen eigenen Händen zu vollstrecken gedenkt (ist Er doch der Allmächtige), gestatte ich mir, allmählich daran zu zweifeln, ob Gott wirklich etwas mit dieser Sache zu tun hat.

Erstens wäre ein Gott, der zustimmt, daß dem launenhaften Belieben von Menschen die Vollstreckung von Urteilen überlassen bleibt, die Er nicht ausgesprochen hat, unter dem Vorwand, sie seien zu Seiner Verteidigung erlassen worden, ein solcher Gott also wäre nicht mehr nur verantwortungslos, sondern absurd; dabei ist Gott doch per definitionem und folgerichtig das höchstverantwortliche aller Wesen (wenn wir ihn so einordnen wollen), die das Universum bevölkern. Da Gott zweitens wegen sprachlicher und sonstiger Verständigungsschwierigkeiten dieses Urteil weder durch seine Unterschrift ratifizieren noch selbst mit vernehmlicher Stimme diese Verdammung gegen Sie ausrufen konnte, haben wir es eindeutig und schlichtweg mit einem Verbrechen von Menschen gegen Menschen zu tun, gleich all jenen Verbrechen, die in seinem Namen in der Vergangenheit begangen wurden und sicher auch in Zukunft noch begangen werden.

Ihr Übertritt zum Islam, lieber Rushdie, wenn Sie mir diese Offenheit erlauben, war nutzlos, so nutzlos wie ehemals der Widerruf des Galileo, da doch Gott, wo immer Er ist, keine Kenntnis nimmt von den unbedeutenden Begebenheiten unter uns Menschen, obgleich wir, weil seine Identität mit so verschiedenen Angaben von Namen und Zahl und anderen Attributen benannt wird, zu Millionen auf dieser Welt hier unten gestorben sind.

Sie werden bemerkt haben, daß ich bisher, wobei ich es nun auf diese Weise tue, noch nicht angespielt habe auf die üblichen, allzu bekannten Themen wie Gedanken- und Meinungsfreiheit, die heilige Achtung vor dem Leben, Güte und Toleranz, Vergebung von übler Nachrede und das Verzeihen von Missetaten, auf Themen wie Verantwortung und Schuld und darauf schließlich, daß wir uns all dessen mehr oder weniger bewußt sind, nicht zu vergessen die gesellschaftliche Notwendigkeit einiger allgemeiner ethischer Werte, die es nicht nur dank einer bestimmten Obrigkeit gibt, sei sie nun himmlischer oder irdischer Natur.

Ich vermute, lieber Rushdie, daß Sie es schon leid sind, derartige Reden zu lesen oder zu hören, und deshalb werde ich Ihnen eine kleine volkstümliche Geschichte erzählen, eine kurze, erbauliche Fabel aus meiner Kindheit, die ich in all diesen Jahren im Gedächtnis behalten habe. Ich hätte nicht gedacht, daß ich sie eines Tages verwenden könnte und obendrein zu einem so ernsten, unerwarteten Anlaß wie diesem, in einem Brief an Sie, der, da es ein offener Brief ist, von jedem gelesen werden kann, und nur Gott weiß, wie mich die Leser beurteilen werden, die ihrerseits andere Vorstellungen davon haben mögen, wie man seine Achtung angesichts einer Situation wie der Ihren zum Ausdruck bringt.

Aber kommen wir zu der Geschichte (aus Geschichten ist das Brot gemacht, das wir essen), und die bösen Zungen sollen schweigen. Es war einmal ein Mann, der jeden Tag seine Frau schlug. Sie konnte noch so umsichtig sein, sich noch so unterwürfig geben, ihm in allem gehorchen, ihm all seine Wünsche von den Augen ablesen, nie die Stimme heben, nicht einmal um zu sagen, »das ist mein Mund«, ihr Mann fand doch immer einen Anlaß, um, wie wir sagen, ihr das Fell zu gerben. Einmal jedoch war die arme Frau so vorsichtig gewesen, hatte ihre Umsicht derart weit getrieben, daß der Mann die Stunde nahen sah, in der sie zu Bett gehen würde, ohne daß er ihr die tägliche Strafe verabreicht hatte.

Ich habe vergessen, Ihnen zu sagen, lieber Rushdie, daß sich dies in einem Dorf auf dem Land zutrug und daß es im Sommer war und heiß. Unser Mann hatte sich so daran gewöhnt, Anlässe zu finden, wenn Gründe fehlten, daß er sogleich einen Ausweg fand. Er sagte zu seiner Frau: »Es ist sehr heiß, es wäre besser, wenn wir hinter dem Haus im Freien schliefen.« Die Frau ließ sich nicht zweimal bitten, und im Handumdrehen hatte sie das Bett im kleinen Garten gerichtet, und schön war es dort unter dem wunderbaren Baldachin voller Sterne, die ganze prachtvolle Milchstraße.

Der Mann legte sich hin, die Frau legte sich hin, verwundert, daß sie einen Tag ohne Schläge verbracht hatte, als ihr Mann sie plötzlich fragte: »Frau, was ist das?« Und sie mit aller Unschuld dieser Welt: »Was denn?« Und er: »Diese ganzen Sterne am Himmel, von einem Ende zum anderen.« – »Aber Mann, weißt du denn nicht, daß das die Straße von Santiago ist.« Straße von Santiago nennen wir in diesen iberischen und so überaus christlichen Breiten die Milchstraße. Kaum hatte sie dies ausgesprochen, rief der Mann: »Aha, du Luder, da hast du mir also das Bett unter der Straße gerichtet und setzt mich der Gefahr aus, daß ein Auto auf mich herunterfallen kann?« Kaum hatte er dies gesagt, verabreichte er ihr erbarmungslos die Tracht Prügel, der sie beinahe entkommen wäre.

Die Moral dieser Geschichte brauche ich Ihnen, lieber Rushdie, nicht zu erklären. Vor zehn Jahren schrieb ich in einem Roman, der noch im Umlauf ist: »Wenn das Heilige Offizium es so will, sind alle guten Gründe schlecht und alle schlechten Gründe gut, und wenn es an diesen oder jenen mangelt, dann gibt es die Qualen von Wasser und Feuer, von Folterbock und Foltergalgen, um sie aus dem Nichts und der Verschwiegenheit hervorzulocken.« So ist das. Wir waren nie in Gottes Hand, aber in der Hand der Macht sind wir immer.

Ich weiß nicht, ob wir uns eines Tages begegnen werden oder ob Sie zu ewiger Abgeschiedenheit verdammt sind. Sowohl die

sogenannte internationale Gemeinschaft als auch die Meinung, die wir für öffentlich halten, denen Sie im Grunde die ganze Zeit nur lästig sind, weil Sie noch leben, tun ihr Möglichstes, um Sie zu vergessen, und machen sich derweil Sorgen um die Widrigkeiten auf unserem Planeten und wie Abhilfe zu schaffen sei. Nur ungern denke ich daran, Ihnen vielleicht in einem Jahr wieder einen Brief schreiben zu müssen, aber ich fürchte, so wird es sein, denn so umfassend ist die Verrücktheit dieser beschissenen Welt, in der wir leben.
Ich umarme Sie

José Saramago

1.2.1992

Paul Theroux:
Was ist mit Rushdie?

Lieber Salman,

ich schwöre Dir, ich hielt es für einen Witz – einen ziemlich schlechten Witz, als hätte Papa Doc Duvalier einen Voodoo-Fluch über Graham Greene verhängt, weil der *Die Stunde der Komödianten* geschrieben hatte, aber doch immer nur ein Witz, eine wütende, aber harmlose Blähung – heiße Luft, nicht mehr. Heute kann ich kaum glauben, daß es schon drei Jahre her ist, seit wir uns in London beim Gedenkgottesdienst für Bruce Chatwin trafen, am selben Tag, an dem der Ayatollah Khomeini Dein Todesurteil erließ – am Valentinstag 1989. Diese sogenannte Fatwa, für die es keinen Präzedenzfall gab und keine legale Grundlage, hinter der nichts stand außer dem fanatischen Poltern eines Geistlichen von schlechtem Ruf, erschien mir damals so albern, so ungeheuer absurd, aller Humanität und Rationalität so fern, daß ich, während die Priester ihre griechischen Litaneien sangen und ihre Räucherbüchsen und Weihrauchfäßchen schwenkten, Dir zuflüsterte: »Du bist der nächste, Salman!« Ich glaubte, das Todesurteil über Dich werde nur Gelächter ernten – ich dachte, man würde es als verächtlich abtun und sich dann darüber lustig machen.

Natürlich erwartete ich keine große Begeisterung über die *Satanischen Verse* in islamischen Staaten, wo dem Ulema Baupläne vorgelegt werden müssen, damit die Behörden sich vergewissern können, daß keine Toilette nach Mekka weist. Wo Spielwaren und Kalender und Becher mit Miss Piggy aus der Muppet-Show von der Religionspolizei (den Mutawayin) aus den Läden geholt und rituell vernichtet werden. Wo (in Saudi-Arabien) Frauen keine Autos fahren dürfen, weil (und das ist die offizielle Begründung) man Frauen nirgendwohin allein gehen lassen darf. Wo sie Orwells *Farm der Tiere* nicht lesen dürfen, weil die Hauptfiguren recht intelligente Schweine sind. Wo Du, wenn

Dir beim Gebet ein Wind entfährt, nach dem islamischen Gesetz das Gebet von vorne beginnen mußt – der Furz befleckt das ganze Gebet. Wo es ebenso verrückte und mörderische Fatwas gibt wie zum Beispiel die eines hohen saudischen Geistlichen, des Sheikh Abdallah bin Abdelrahman al-Jabrin, in der es hieß, weil alle schiitischen Moslems Ketzer seien, müßten sie alle umgebracht werden. Wo es ganz üblich ist, Ehebrecher zu köpfen und Dieben die Hand abzuhacken. Du weißt, daß du mit Alice im Wunderland bist, wenn du in ein Land kommst, wo Miss Piggy als die Verkörperung des Bösen gilt.

Aber wir waren in London, Salman! Als wir die Kirche verließen, war Dein Gesicht voller Sorge, Du wurdest von einigen Journalisten eingekeilt und abgedrängt, und seitdem habe ich Dich nicht mehr gesehen. Danach gab es alle möglichen Wortverdrehereien – sogar britische Politiker meinten, Dein Buch hätte verboten werden müssen. Sie halfen mit, Dich unterzupflügen. Und W. H. Smith Ltd., die britische Ladenkette, die mit pornographischen Magazinen ein Vermögen macht, weigerte sich, Deinen Roman auf Lager zu nehmen. Läden, die es führten, lehnten es ab, dafür zu werben, und wenn Dein Buch auch in vielen Exemplaren verkauft wurde – hast Du jemals gesehen, daß jemand es in der Öffentlichkeit las?

Es ist ekelhaft, welche Wirkung die Einschüchterung durch Fanatiker hatte: Du lebst im Untergrund, Dein Buch wird weiter verleumdet, Dein Leben weiter bedroht. Die meisten Länder, darunter auch Dein eigenes – Britannien –, machen Geschäfte mit dem Iran, sie kaufen dort ihr Öl und ihre Teppiche und Cashewnüsse, verkaufen ihnen Videorecorder und neue Autos und Armbanduhren, schicken ihnen Papier und Druckfarbe, damit sie ihre albernen Gesetze drucken können. Handelspartner in Europa und Amerika behandeln die Islamische Republik Iran, als sei das ein zivilisierter und rationaler Ort, obwohl jeder Trottel auf den ersten Blick sieht, daß die Fatwa der Ayatollahs ignorant und barbarisch ist und nach internationalem Recht ein Beispiel für Anstiftung zum Verbrechen.

Während Du Dich verborgen halten mußtest, bin ich gereist – und meine Freiheit und Deine Gefangenschaft waren mir immer bewußt. Ich bin in den letzten zweieinhalb Jahren im Pazifik von Insel zu Insel gefahren, frei wie ein Vogel, aber ich dachte an Dich. Vor etwa einem Jahr war ich in Fidschi – abseits der ausgetretenen Touristenpfade, auf der großen Dschungelinsel Vanua Levu. In einem verkommenen Küstendorf begegnete ich einem Moslem, und nachdem wir eine Weile geredet hatten, fragte ich ihn, ob er von dir gehört habe. Er sagte: »Ja, Rushdie ist ein böser Mann.« In Sydney in Australien traf ich einen Taxifahrer, einen Wirtschaftsflüchtling aus Pakistan – ein Mann von sechzig Jahren mit einem Diplom von der Universität Karachi. Wir sprachen über den Koran, und dann stellte ich meine Frage. Seine knochigen Hände verkrampften sich um das Steuerrad: »Rushdie muß sterben.« Natürlich machte ich diesen Menschen meinen Standpunkt klar. Ich machte ihnen klar, daß das barbarische und ignorante Gefühle waren. Und ich erwähnte sie gegenüber Deinen australischen Verlegern. Diese großen starken Australier, die in einem demokratischen Lande leben, in einer Tradition des derben Individualismus und mit Talent zur Grobheit – sie sagten mir im Vertrauen, sie hätten Angst. Einer sagte: »Ein paar von uns haben Familie.«

Das alles ist sehr schlimm. Auf der persönlichen Ebene sind die Menschen verwirrt oder desinteressiert; auf offizieller und Regierungsebene waren die Reaktionen schwächlich und feige; auf religiöser Ebene waren die Moslems entweder gleichgültig oder rachsüchtig. Genug davon. Du kannst nur sehr wenig tun, Salman. Wir anderen müssen gegen die Vorstellung aufstehen, das Abschlagen von Köpfen und die rituelle Vernichtung von Spielzeug und die richtige Lage der Toiletten hätten etwas mit Rationalität und Menschlichkeit zu tun oder der religiöse Führer eines Landes habe die Macht, den Bürger eines anderen Landes zum Tode zu verurteilen, weil er ein Buch geschrieben hat.

Es kam mir immer ausgesprochen eigenartig vor, wenn britische und amerikanische Akademiker bereitwillig in alle möglichen islamischen Länder gingen und an Schulen lehrten, an denen Frauen von den Männern getrennt werden und wo die Gesetze mittelalterlich sind (in Damaskus dürfen Juden heutzutage sich nicht mehr als zwei Kilometer von ihren Häusern im Ghetto entfernen). Sie taten es für Geld. Und die Regierungen, die sich bei der Verteidigung Deiner Rechte als feige erwiesen, waren ebenfalls von finanziellen Überlegungen beeinflußt. Sie müssen erkennen, was Du bist – die Geisel eines viel schlimmeren Fanatismus als jenes, der Terry Anderson oder John McCarthy gefangenhielt. Nicht nur die Hisbollah wurde zum Mord an Dir aufgerufen, sondern die gesamte moslemische Welt.

Den ersten Schritt zu Deiner Unterstützung müssen Regierungen und führende Politiker tun. Dann sind wir an der Reihe – die Leser und Schriftsteller. Es ist klar: Wenn einer von uns im Iran oder in Saudi-Arabien oder Pakistan – oder in ähnlich gesinnten Ländern – Deinen Namen zur Sprache bringt, dann wird Dein Name verleumdet und wir werden niedergeschrien. Aber im Rest der Welt müßte das unmöglich sein. Jedes nicht-moslemische Land unter der Herrschaft des Gesetzes müßte Dir Zuflucht bieten, so daß Du über die Straße gehen kannst und den Bus benutzen und ein Leben ohne Angst vor Angriffen führen kannst. Moslems, die es sich in den Kopf setzen, Dir etwas anzutun, müssen daran erinnert werden. Deshalb sind sie aufgefordert, vor allem die Führer der moslemischen Gemeinschaften in Europa und Amerika, für Dich einzutreten und die Fatwa als Anstiftung zum Verbrechen zu verurteilen. Moslems, die in demokratischen Ländern leben, haben eine Pflicht, gegen die Fatwa aufzutreten – wenn nicht: Was wollen sie dann noch in einem Land der Ungläubigen?

Als Amerikaner würde ich mir Sorgen machen, wenn die Gefahr bestünde, daß die demokratischen Grundrechte durch die Schia ersetzt werden. Es ist widerwärtig, so über Moslems sprechen zu müssen, denn der Islam ist eine der großen Weltreligionen, und viele seiner Doktrinen sind human. Aber Moslems, die nicht verstehen, daß die Fatwa eine Verirrung darstellt, müssen isoliert werden, weil nur sie Dir gefährlich sind.

Im Bewußtsein Deiner Gefangenschaft habe ich es mir zur Regel gemacht, jeden Moslem, dem ich begegne, nach seinen Ansichten zu Dir und Deinem Buch zu fragen. Ich habe einige scharfe Antworten erlebt, aber ich halte diese Übung dennoch für nützlich. Bis vor kurzem wurden weiße Südafrikaner immer nach Mandela gefragt und nach der Apartheid ganz allgemein. Und heutzutage werden Israelis – zu Recht – nach ihrer Haltung zum Palästinenserproblem gefragt. Das sollte überall geschehen – als erstes die Frage: Was ist mit Rushdie? – und bei einer feindlichen Antwort: Mach Deinen Standpunkt klar. Das sollte auch auf offizieller Ebene passieren, wenn führende Politiker mit Präsident Rafsandschani sprechen. Was ist mit Rushdie? Ich bin sicher, irgendwann dringt die Botschaft schließlich durch, und du wirst frei sein.

Paß auf Dich auf, mein Freund

Paul Theroux

3.2.1992

Kazuo Ishiguro: *Eine Menge netter Cafés*

Lieber Mr. Rushdie,

als ich neulich im Zug von Schottland nach London zurückfuhr, stieß ich am Bahnhofskiosk auf einen Ihrer Romane, *Die satanischen Verse*, und kaufte ihn, um ihn auf der langen Zugfahrt zu lesen. Bald war ich völlig darin versunken – die Reise ging schnell vorüber –, und als ich zu Hause ankam, habe ich ihn in einem Zuge zu Ende gelesen.

Ich hoffe, Sie nehmen es mir nicht übel, daß ich diese Gelegenheit dazu benutze, Ihnen zu sagen, wie gerne ich den Roman gelesen habe und welchen tiefen Eindruck er auf mich gemacht hat.

Die Sehnsucht nach Liebe, die widerstreitenden Kräfte in einem Menschen, der seine Ursprünge zugleich annimmt und zurückweist, die Suche nach moralischen Verbindlichkeiten in einer chaotischen, sich ständig verändernden Welt – ich fand all diese Dinge durch die vielen verschiedenen Charaktere Ihres Romans ganz wunderbar ausgedrückt. Und ich bin sicher nicht der erste, der im Herzen des Romans, in all dem Überschwang und Tumult, eine tiefe Einsamkeit spürte – jene Art Einsamkeit, wie man sie inmitten vieler Menschen erfährt. Da auch ich mich in einem fremden Land niedergelassen habe, konnte ich mich mit den Gefühlen vieler Ihrer Romanfiguren identifizieren. Aber ich bin in Japan geboren und nicht vertraut mit den besonderen Emotionen, die sich aus der Kolonialbeziehung zwischen England und Indien herleiten; es ist bewegend, wie Sie den Kampf Ihrer indischen Romanfiguren um ein Selbstverständnis darstellen, es hat mich zu einer Einsicht und Sympathie geführt, für die ich früher gar nicht die nötigen Kenntnisse hatte.

Ich habe mit einem guten Freund – einem Chinesen, der heute in Kanada lebt – lange Gespräche über seine gemischten Gefühle gegenüber seiner »Heimat« und Kultur geführt. Mir fiel seine

Beziehung zu seinem Vater ein, während ich das getrübte Verhältnis zwischen Saladin und seinem Vater in der Mitte Ihres Buches verfolgte. Ich bin sicher, mein Freund wäre von diesem Porträt sehr berührt, und ich würde ihm ohne zu zögern eine Ausgabe Ihres Romans schicken – aber sein Vater ist schwer erkrankt, und ich fürchte, daß die außerordentlich bewegende Sterbeszene am Ende des Romans zu aufwühlend ist. Deshalb werde ich ihm das Buch im Moment besser doch nicht schicken. In diesen Zeiten unruhiger Wanderungen und der »Multikultur« aber muß es unzählige andere Leser auf der ganzen Welt geben, die in Ihrem Buch ein würdiges Porträt ihrer Hoffnungen und Traurigkeit entdecken werden.

Ich muß gestehen, daß ich bis vor jener Zugreise in der letzten Woche noch keines Ihrer Werke gelesen hatte, aber nun werde ich sicherlich all Ihre anderen Bücher ausfindig machen. Es wird mich interessieren zu erfahren, ob sie sich ebenfalls mit den Themen kultureller Identität und der Sehnsucht nach Liebe beschäftigen. Und ich werde mit großem Interesse auch Ihre zukünftigen Romane erwarten.

Ich bin selbst Schriftsteller, und sollten Sie einmal in meinen Teil Londons kommen, würde ich mich sehr freuen, Sie zu treffen und mit Ihnen zu plaudern – vielleicht bei einem Bier oder einem Kaffee. (In meinem Viertel gibt es eine Menge netter Cafés, die Ihnen gefallen würden.) Aber ich nehme an, Sie sind sehr beschäftigt, so daß ich keine allzu großen Hoffnungen hege. Ich wollte Ihnen nur danken für das Erlebnis der *Satanischen Verse*. Es mag ein Klischee sein, doch es ist wahr: Durch Romane wie diesen habe ich ein bißchen mehr darüber gelernt, was es heißt, Mensch zu sein.
Herzliche Grüße

Kazuo Ishiguro

5.2.1992

Fahimeh Farsaie:
739 Fälle in 75 Ländern

Sehr geehrter Herr Rushdie,

es fällt mir sehr schwer, Ihnen einen Solidaritätsbrief zu schreiben. Warum, frage ich mich. Habe ich Angst, die islamische Regierung zu provozieren? Fürchte ich mich vor deren gnadenlosem Zorn? Habe ich die Befürchtung als im Exil lebende Schriftstellerin, immer noch mit iranischer Staatsangehörigkeit, in Schwierigkeiten zu geraten?

Gewiß nicht, Herr Rushdie!

Nicht weil ich aus anderem Stoff gemacht und gar nicht, weil ich außergewöhnlich kühn und beherzt bin. Sondern aus dem einfachen Grund, daß ich in den Augen der im Iran Entscheidenden genügend »Verbrechen« begangen habe, daß die Tatsache, in den »Fall Rushdie verwickelt zu sein«, keine zusätzliche Härte für meine Verurteilung bedeuten würde. Um nur mein neuestes »Verbrechen« zu nennen: die Veröffentlichung meines Romans *Vergiftete Zeit* auf deutsch, der als ein »antiislamisch-antiiranisches« Buch von den offiziellen iranischen Zeitungen bezeichnet worden ist. Was für Konsequenzen diese Beurteilung haben kann, können Sie sich bestimmt gut vorstellen, Herr Rushdie. Also, eine »Sünde« mehr oder weniger macht meine »schwarze Akte« nicht schwerer oder leichter, meine ich. Darum kann es nicht gehen!

Kann ich vielleicht nicht richtig nachvollziehen, in welcher schrecklichen und grausamen Situation Sie sich befinden, frage ich mich; ständig in Furcht und Panik leben zu müssen, eingeengt und andauernd bewacht zu werden, Alpträume von Verfolgung, Folter und Mord erleiden zu müssen und sich einsam und verlassen zu fühlen?

Doch. Diese grauenhafte und entsetzliche Situation kann ich sehr wohl nachempfinden. Da brauche ich mir keine Mühe zu geben, es bedarf bei mir keiner besonderen Phantasie und keines besonders gutmütigen Herzens. Aus dem einfachen Grund, weil ich diese schreckliche und unerträgliche Situation selbst erlebt habe, als ich verfolgt wurde, im Untergrund leben mußte und auf der Flucht war. Ich erlebe sie zum Teil immer noch im Exil.

Nicht deshalb fällt es mir so schwer, Ihnen zu schreiben, Herr Rushdie!

Vielleicht liegt es an der Art und Weise, wie Sie an uns, Ihre Kollegen und Kolleginnen appelliert haben, dachte ich am Schluß meiner Überlegungen. »Bitte, machen Sie deutlich, daß wir es nicht hinnehmen, daß ein Mann ermordet werden soll, nur weil er ein Buch geschrieben hat...«, sagten Sie im Londoner Hotel Dorchester bei der Preisverleihung für Ihr Kinderbuch *Harun und das Meer der Geschichten* im letzten Jahr, »fast flehend und mit Tränen in den Augen«, wie der *Spiegel* schrieb. Sie formulierten Ihre »Bitte« ausdrücklich so, als ob vor dem 14.2.1989, also der Tag des von Khomeini verkündeten Todesurteils gegen Sie, kein »Mann« aufgrund seiner literarischen Tätigkeit ermordet worden wäre.

Ja, genau! Das hat mich bei meiner Überlegung, einen Solidaritätsbrief an Sie zu schreiben, gestört. Denn ich mußte daran denken, daß einige Monate nach diesem Zeitpunkt viele »Männer«, also Autoren und Journalisten, hingerichtet und in Massengräbern mit anderen politischen Gefangenen begraben worden sind, weil sie auch nur ein Buch oder einen Artikel geschrieben und ihre eigene Meinung geäußert haben. Um nur ein paar Namen zu nennen: Amir Nikaiin, Monouchehr Behzadi, Djavad Misani, Abutorab Bagherzadeh... Sie folgten dem bitteren Schicksal ihrer jungen Kollegen, die in einer dunklen Nacht ein paar Monate vorher entführt, gefoltert und erschossen worden sind: zwei Dichter, Said Soltanpour und Rahman Hatefi.

Selbstverständlich tauchten ihre Namen nirgendwo in einer Zeitung auf. Keine, nicht mal ihre Familien durften für sie eine Trauerfeier veranstalten. Sie blieben ungeehrt unter schwerer, »schwarzer« Erde. Und sogar bis heute darf niemand ihre Gräber aufsuchen. Vielleicht haben sie ja einen Solidaritätsbrief von

Ihnen, als ein Schriftsteller, der kurz vorher von denselben Entscheidenden zum Tod verurteilt wurde, vermissen müssen.

Auf jeden Fall haben wir, Herr Rushdie, also ihre (immer noch) lebenden Kollegen und Kolleginnen, diese »einmalige« Chance verpaßt, sie respektvoll zu ehren und weltweit die Öffentlichkeit auf ihr bitteres Schicksal aufmerksam zu machen.

Ja, genau. Das hat mich gestört: daß Sie Ihre eigene »Betroffenheit« so in den Vordergrund stellen und die anderen »Betroffenen« dabei übersehen. Diesen Eindruck rufen viele Ihrer Aussagen hervor, sogar dann noch, wenn Sie sie mit der »Betroffenheit« der anderen in Verbindung bringen: »Heute geht es gerade mal um mich. Und wenn diese Kampagne, diese Angriffe auf mich und die anderen, die etwas mit den *Satanischen Versen* zu tun haben, erfolgreich sein sollte, kann es morgen jemand anderen treffen«, sagten Sie in Ihrem neuesten Fernsehinterview in der letzten Woche. Das ist ja leider wahr. Es gibt aber eine andere schmerzhafte Wahrheit, nämlich, daß sich auch heute noch elf Kollegen und Kolleginnen von uns in der gleichen Situation befinden, wie Sie bestimmt dem »Writers-in-prison-Bericht 91« entnommen haben, der in der Mitgliederversammlung des PEN-Zentrums im Oktober letzten Jahres vorgelegt worden ist. Unsere Kollegin, Angelika Mechtel, weist in diesem Bericht darauf hin, daß »die Notwendigkeit, sich versteckt zu halten«, häufig vorkommt: »... hier ist Salman Rushdie kein Einzelfall, das Komitee (für inhaftierte Autoren des PEN-Zentrums) gibt elf solcher Fälle in seiner Statistik an ...« Abgesehen davon zeigt der Bericht, daß im letzten Jahr 739 unserer Kollegen und Kolleginnen in 75 Ländern verfolgt wurden. »Davon sind 323 nach Kenntnis des Komitees zur Zeit in den Gefängnissen ihrer Länder inhaftiert. Die Verfolgung der übrigen 416 Kolleginnen und Kollegen stellt sich außerhalb der oben erwähnten meist langfristigen Gefängnisstrafen folgendermaßen dar: Ermordung, Entführung, Morddrohungen, physische Attacken, die Notwendigkeit, sich versteckt zu halten, Verbannung und Ausweisung ...«

Ich möchte jetzt hier nicht, Herr Rushdie, die elende und

deprimierende Situation unserer Kollegen und Kolleginnen in aller Welt nach den Angaben dieses Berichtes weiter ausmalen. Es würde ein furchterregendes Bild von Ungerechtigkeit, Terror, Gewaltausübung und Freiheitsberaubung entstehen. Sie kennen diese Tatsache, denn Sie selbst sind Opfer dieser Ungerechtigkeit, dieses Terrors, der Gewaltausübung und der Freiheitsberaubung.

Ihr Fall ist gewiß einmalig. Weil das Todesurteil gegen Sie von einem ausländischen terroristischen Regime verkündet worden ist, dessen Staatsbürger Sie nicht sind. Es wird zu Recht als einmalig bezeichnet, kann aber nicht ein so hohes Gewicht haben, wenn gleichzeitig mindestens 739 fast ähnliche und entsetzliche Fälle existieren. Ich glaube nicht, daß es für den ehemaligen Vorsitzenden des zairischen Schriftstellerverbandes besonders wichtig ist, ob sein Mordurteil von einem zairischen Machtbesessenen getroffen worden ist oder von einem Kenianer. Nach seiner gelungenen Flucht aus dem Gefängnis fühlt er sich immer noch bedroht und verfolgt und befindet sich immer noch auf der Flucht, obwohl er jetzt in einem »freien« Land in Europa lebt und einigermaßen in »Sicherheit« ist.

Das gleiche gilt auch für den dreiunddreißigjährigen südkoreanischen Dichter Park Ki-pyong, der wegen »anarchistischen Gedankenguts« zu lebenslanger Haft verurteilt wurde. Für diejenigen, nach deren Leib und Leben getrachtet wird und die ihrer Freiheit beraubt werden sollen, spielt es keine Rolle, ob ihre Richter, Henker und die, die sie verurteilen, blauäugig oder dunkeläugig sind. Sie wollen nur, wie Sie, ihre eigene »Haut« nicht verlieren, weil sie sich schriftstellerisch engagiert haben. Sie haben einmal gesagt, Herr Rushdie: »...meine Haut zu retten. Als wenn es jämmerlich wäre, so etwas zu wollen. Es war deprimierend festzustellen, daß die Leute meine Haut so wenig schätzen...« (*taz* 24.9.1991)

Ich schätze Ihre »Haut«, Herr Rushdie, sowie die Freiheit der Rede und des Schreibens. Ich schätze alle meine Kollegen und Kolleginnen, die deswegen ihre »Haut« verloren haben, sowie jene, die sich dafür einsetzen, um dieser obszönen Ungerechtigkeit und diesem ungleichen Kampf ein Ende zu setzen. Ich schätze auch besonders meine unbekannten elf Kollegen und Kolleginnen, an die ich sofort nach diesem Solidaritätsbrief an Sie anfange, einen offenen Brief zu schreiben. Einen offenen Brief, weil ich nicht weiß, wo sie sich unter ihrem heimatlichen Himmel befinden!

Seien Sie gegrüßt

Ihre *Fahimeh Farsaie*

6.2.1992

Manuel Vásquez Montalbán: *Brief an einen von den Göttern ernstlich bedrohten Künstler*

Ich weiß nicht, Herr Rushdie, ob irgendein Verdienst darin liegt, daß es dem Menschen gelungen ist, aufrecht zu gehen und den Gang auf allen vieren zu überwinden, der den Affen charakterisiert, den Primaten also, von dem wir, wie es scheint, abstammen. Ich glaube an keine andere biologische Bestimmung als das Überleben, bin aber davon überzeugt, daß ober- oder unterhalb der biologischen Impulse eine historische Bestimmung gesetzt werden kann und daß das, was man gewöhnlich human oder humanistisch nennt, diesem schmalen Streifen Kultur zugehört. Furcht, Glauben und Sprache haben die Geschichte unserer Zerbrechlichkeit geprägt, und nur dank der Verbindung von Denken und Sprache haben wir uns von maßlosen Ängsten und Glaubensvorstellungen befreien können, wobei das Glauben um so maßloser war, je größer die Angst.

Das heißt, wir können nur auf wenige Dinge stolz sein, aber zu diesen Dingen gehört, daß uns das Kunststück gelungen ist, uns von der Angst vor den anderen und den Dingen zu befreien, indem wir ihnen Namen gaben; von der Angst vor dem Verhältnis Raum / Zeit, indem wir uns imaginäre Linien und Ortsnamen ausgedacht haben; und von der Angst vor der Zeit, indem wir sie in das Labyrinth des Kalenders eingesperrt haben. Ein wichtiger Schritt besteht nach meiner kleinen persönlichen und eklektischen Philosophie darin, daß einige von uns zu bestimmten Zeiten die Einsamkeit und Sinnlosigkeit des Lebens auf sich genommen haben, während wir doch zu allen religiösen Festlichkeiten der Vorsehung und der Enthüllung ihrer Wahrheiten, fast immer in Cinemascope und Stereo, eingeladen waren.

Im Laufe der Jahrhunderte hatten Götter und Priester einander ergänzt und abgelöst, um zu verhindern, daß wir unsere ursprüngliche Einsamkeit entdecken, und um den beeindruckenden kulturellen Wert zu verleugnen, den das Soziale als intelligenter – und hoffentlich eines Tages auch freier – Pakt bekommt, so daß wir entweder dem Leben durch Solidarität und Geschichte einen Sinn abgewinnen oder endgültig auf jegliches positives Kalkül verzichten, indem wir uns auf Zynismus oder einen freien Nihilismus beschränken, den wir uns selbst oder den anderen immer schon als geistiges Abenteuer darstellten, das zu allen möglichen Formen des Selbstmords führte.

Porträt des Künstlers, der ernsthaft die Götter herausfordert. Eine romantische Pose, die sogar ein paar leicht jesuitische und schmeichlerische Priester überzeugte, die hinter der prometheischen Rebellion des zeitgenössischen Künstlers die Furcht des verängstigten Ungläubigen ahnten, der ganz anders und viel angenehmer als der furchtlose Ungläubige ist, ein Mensch von grenzenloser Unverschämtheit, der natürlich die Strafe aller Arten von Göttern verdient.

Nach Jahrhunderten unterschiedlichster Inquisitionen war für den Künstler, der die Götter ernsthaft herausfordert, die Stunde gekommen, in der er einen privilegierten Status erhielt, so als ob er in einer Welt, die sich in einen Supermarkt von Glaubensvorstellungen verwandelt hat, ein Spezialist für Agnostizismus wäre; aber an diesen privilegierten Status zu glauben, war Teil unserer Fähigkeit zum Selbstbetrug. Wir glaubten, daß wir unter vielen Mühen ein wohlverdientes agnostisches Territorium gewonnen hätten, ohne zugunsten der von den Göttern und ihren Priestern gepeinigten Menschheit Schadensersatz zu verlangen.

Es genügte uns, daß man uns den Sarkasmus als relative Genugtuung ließ, und nie fiel es uns ein, den Papst in Rom zum Tode zu verurteilen, ebensowenig wie den Großmufti von Jerusalem, den Patriarchen von Moskau oder den ayatollsten der Ayatollahs. Wir ließen sie ihr religiöses Lehramt ausüben, umgeben von Gläubigen und tellurischen Befriedigungen, und machten uns höchstens einmal lustig über die zunehmende semantische Sinnlosigkeit der Religionen, die erstaunlichen Wortreserven und veralteten Erklärungen. Wir haben ihnen den Sadismus verziehen, den sie in ihrer Arroganz als Mittelsmänner der Götter in unserer Kindheit an uns ausgelassen haben, und daß sie uns mit einer Autorität, die wir nicht in Frage stellen konnten, Schrecken und Hoffnungen einprägten, die für unser Alter maßlos waren. Wir haben nachsichtig die zahllosen Albernheiten belächelt, die heute nicht einmal ein vernunftloses Tier akzeptieren würde, solange es nur einen seiner Sinne beisammen hat, und wenn wir Erklärungen zu ihren Göttern abgaben, dann haben wir sie ihnen deshalb großzügig überlassen, weil sie auf sie zugeschnitten waren und jeder sich retten soll, wie er kann.

Aber dann haben Sie, Herr Rushdie, Ihre *Satanischen Verse* veröffentlicht, und die Mittelsmänner der Götter nutzten die Gelegenheit, um das Instrument des irrationalen Terrors zurückzugewinnen, so wie sie die Angst vor Aids ausgenutzt haben, um die sexuelle Freiheit zu zerstören, die durch Geburtenkontrolle möglich wurde, oder den Fall der Berliner Mauer, um die Mauern der Moscheen, Synagogen und Kathedralen um so höher zu ziehen. Auch wenn Ihr Todesurteil offen ausgesprochen wurde und auf einem sich ausbreitenden Fanatismus beruht, der sich als Antiimperialismus verkleidet hat, fühlten sich im Grunde alle Mittelsmänner der Götter durch dieses Urteil mitvertreten; ein Urteil, durch das etwas, das man früher heilige Gottesfurcht nannte, wieder hergestellt wurde und diejenigen, die sich zu sehr von den religiösen Vorschriften befreit fühlten, davon wieder abgebracht wurden. Ihr Todesurteil reichte aus, um das mühsam errichtete Gebäude der Rationalität zerfallen zu lassen, und diese Reaktion erschien so maßlos, daß man sie für unglaublich hielt und hält, so lange, bis man Sie wirklich tötet.

In den anderen institutionalisierten Religionen gab es wohlüberlegte Äußerungen, die den heiligen Mord verurteilten, aber begleitet von dem widerlichen common sense, der darauf hinweist, daß Sie den common sense übertreten und die Gläubigen beleidigt hätten. Werden nicht vielmehr wir, die Nicht-Gläubigen, durch einen Diskurs beleidigt, der uns als archaisch und unvereinbar mit jedem Anspruch auf Freiheit erscheint? Die Mittelsmänner der Götter geben zu, daß es einen religiösen Kriterienkatalog gibt, mit dem jede Religion die andere abkanzelt, so ökumenisch sich die Heiligkeiten auch geben. Aber es handelt sich um einen Streit zwischen Gläubigen, um die Ausübung eines Pakts unter Gläubigen, die angesichts der obszönen und verhaßten Andersartigkeit der Ungläubigen alte Rechnungen begleichen.

Sie übernehmen sogar die Verantwortung für die Religionskriege, die in der Vergangenheit die Heiligen einer anderen Religion in gekreuzigtes oder geröstetes Fleisch verwandelten, weil Reinigungen Gott ehren, wo immer sie auch herkommen oder um welchen Gott es sich auch handelt. Was sie ärgerte, war der kleine sarkastische Stolz des Sklaven der Religion, der sich von seinem Nasenring befreit hatte und ihnen den unschuldigen Zerrspiegel der Satire vorhielt, vielleicht weil sie im Innersten die Furcht hegen, daß dieser Zerrspiegel ihr Selbst angemessen reflektiert.

Angesichts der beschwerlichen Lage, in der Sie als Geisel leben, und der Unmöglichkeit, Sie gegen irgend jemand oder irgend etwas auszutauschen, sind Sie der Geist des Laizismus, der zum Tode verurteilt wurde, damit sich im nächsten Jahrtausend die Bedingungen wiederherstellen lassen, die seinerzeit den eingeschüchterten Affen in den religiösen Affen verwandelten, und ich verstehe, daß Sie es denen nicht leichtmachen wollen, Sie zu töten, doch können Sie, vermute ich, manchmal die scheinbare Waghalsigkeit der Filmhelden nachfühlen, wenn Sie ihren Kopf oder Oberkörper über die Brüstung heben, jedenfalls so lange, bis Sie merken, daß Sie auf die Hilfe keines Drehbuchautors zählen können.

Der Drehbuchautor ist nicht auf Ihrer Seite. Im besten Falle versucht er, Ihr Leben zu verlängern, aber falls es zum bitteren Ende kommt, würden Sie den Staatshaushalt entlasten, und das Geld, das Ihre Bewachung kostet, könnte in die Modernisierung der örtlichen Kirchen und in Spione investiert werden, die die Reihen des islamischen Fundamentalismus infiltrieren. Sind Sie nicht letzten Endes, so denkt der Drehbuchautor, für Ihre Handlungen und die Konsequenzen Ihrer Handlungen selbst verantwortlich? Lohnt es sich, auf Ihr Leben zu setzen, auf die Gefahr hin, daß der Erdölpreis ins Schlingern gerät oder die islamischen Fundamentalisten aggressiver gegen Touristen werden, die Teppiche und Safran kaufen?

Der Drehbuchautor denkt, daß Sie die defensive Funktion der Sprache überschritten haben und daß es richtig ist, Ihnen Furcht einzuflößen, Sie Ihrem Glauben abschwören zu lassen, keinen Glauben zu haben, und Ihrem Recht, die Worte als Proklamation der Einsamkeit und damit der Freiheit zu nutzen. Wird angesichts der hochmütigen Versuchung, die Unordnung zu entdecken, die jede Ordnung verdeckt, nicht alles auf die Rückkehr zur natürlichen Ordnung der Dinge gesetzt? War es nicht notwendig, den Verfallsprozeß aufzuhalten, der in dem Augenblick begann, als die Frucht vom verbotenen Baum gegessen wurde, und zuzugeben, daß die Entfremdung genügend aufgehoben ist, wenn man einen Herrn hat, den man nicht sieht?

Es tut mir sehr leid, Herr Rushdie, Ihnen eine so schlechte Begleitung zu sein, aber das Drehbuch zu dieser Jahrtausendwende gefällt mir nicht, und ich weiß nicht, was ich tun kann, um Sie aus Ihrem Gefängnis herauszuholen, wohl wissend, daß diese Art von Briefen höchstens einen gewissen kollegialen Trost übermittelt und dann in den Zeitungsarchiven begraben bleibt, für die Neugier künftiger Anthropologen, die sich dem Studium einer kurzen und sonderbaren Periode der Kulturgeschichte widmen, in der es die Künstler gewagt haben, die Götter ernstlich herauszufordern, die sich jenseits der Menschenrechte in den Rechten des Autors breitgemacht haben.

7.2.1992

Ralph Giordano: *Das Unglaubliche, Unerwartete, die Revision*

Verehrter, lieber Salman Rushdie,

»Was dahinter liegt? Die Hölle!«

So warnte mich die rein »arische« Deutsche, die meine Familie angesichts der drohenden Deportation der jüdischen Mutter bei sich versteckte, wohl wissend, daß die Entdeckung durch die Gestapo nicht nur unseren, sondern auch ihren Tod zur Folge haben würde. Sie tat es dennoch.

Die »Hölle« – das war ein lichtloses Verlies hinter einem schmalen Durchgang, Appendix der ehemaligen Waschküche eines phosphorverglühten Hauses inmitten einer Ruinenlandschaft im Norden des zu drei Vierteln bombenzerstörten Hamburg. Die »Hölle«, das war ein Kellerloch unter Wasser, kalt, mit triefenden Wänden und in unmittelbarer Nachbarschaft von Ratten, die sich im Laufe der Zeit sichtlich an uns gewöhnten, wir aber nicht an sie und ihre immer kühneren Versuche, uns bei wachsender Schwäche anzunagen. Die »Hölle«, das war monatelange Todesangst Tag und Nacht, Finsternis, Frost, Hunger und absolutes Schweigen der Versteckten. Denn rings um die ausgebaute Waschküche unserer tapferen Wirtin hatten sich Nachbarn in die erhaltenen Souterrains der Trümmerlandschaft eingewühlt, und die durften nichts von uns wissen ... Als wir fünf – Vater, Mutter, drei Söhne – schließlich aus dem Inferno hervorkrochen, am 4. Mai 1945, frühmorgens, hatten wir zwar kaum noch Ähnlichkeit mit Menschen – aber wir waren befreit.

Was ich mit dieser Erinnerung sagen will, ist erstens: daß ich zu ermessen vermag, was es heißt, sich um Leben oder Tod verstecken zu müssen. Und zweitens: daß ich mir den Unterschied vorstellen kann zwischen einer Situation, die, wie damals bei uns, Hoffnung auf ein erreichbares Ende des Schreckens zuließ, und einer anderen, die auf ein »Lebenslang« hinauszulaufen droht – wie bei Ihnen. Ich will mich aber nicht abfinden mit einem gnädigeren Schicksalsausgang, als er Ihnen, Salman Rushdie, von Ihren Häschern zugedacht ist. Ich will einen »4. Mai« auch für Sie, und zwar so rasch es geht.

Alles, was von uns, was von außen getan werden kann, muß zielen auf die Aufhebung jenes angeblich schlußgeschichtlich-endgültigen Urteils, das islamische Fundamentalisten unter iranischer Anführung über Sie gesprochen haben wollen. Für alle Helfer, Menschen wo auch immer auf dem Globus, an vorderster Stelle aber für uns Schriftsteller, muß die oberste Devise lauten: sich nicht einschüchtern zu lassen! Wer maßt sich da die Herrschaft über Leben und Tod an? Und wer wird der nächste Betroffene sein? Die Lawine religiös etikettierter Gegenaufklärung, die der Ayatollah Khomeini losgetreten hat, kann heute oder morgen jeden lebendig begraben, der es wagt, öffentlich gegen den Ungeist der alleinseligmachenden Intoleranz zu verstoßen. Unsere Freiheit, zu leben, zu denken, zu sagen und zu schreiben, was und wie wir es wollen – diese kostbarste aller Errungenschaften soll abhängig werden von Wohlverhalten gegenüber den Souffleuren des islamischen Fundamentalismus? Der hat sich längst von einem Weltärgernis zu einer Weltbedrohung ausgewachsen, und ihr muß nun, endlich, Paroli geboten werden! Natürlich ist das auch eine Forderung an die Politiker, den Primat der Menschenrechte herzustellen und den der Ökonomie zu brechen. Aufgerufen zu Ihrer Ermordung, Salman Rushdie, haben ja Repräsentanten von Regierungen, zu denen die Demokratien dieser Welt, darunter auch die deutsche, beste Verbindungen pflegen, Waffengeschäfte in Milliardenhöhe eingeschlossen. Genügen denn den Präsidenten, Kanzlern und Ministerpräsidenten der mächtigsten Staaten unseres Erdballs nicht Ermordung des japanischen und Verletzung des italienischen Übersetzers Ihres Buches? Nicht die Tötung des türkischen Schriftstellers Turan Dursun, niedergestreckt durch sieben Pistolenkugeln? Und hat Radio Teheran dieses feige Attentat im September 1990 nicht gefeiert wie eine Siegesmeldung? –: »In seinen Schriften beging Turan Dursun Verrat an der heiligen islamischen Religion und schmähte den Propheten Mohammed.« Was stimmt daran? Nichts! Unser türkischer Kollege,

Publizist, Mufti und Kenner des Koran, war ein aufgeklärter Moslem und – ein Kritiker der fundamentalistischen Orthodoxie. Deshalb mußte er sterben. »Wann«, frage ich meine, die Regierung Deutschlands, frage ich sein derzeitiges Kabinett, »wann werden Sie aktiv werden in der ›Sache Salman Rushdie‹?« Ja, wann wird ausgeschert aus dem Staatskollektiv notorischer Passivisten, die prompt ihre Aktionsfähigkeit verlieren, sobald es um Moral geht? Die Riege der Politiker darf in der ›Sache Salman Rushdie‹ nicht aus den Augen verloren werden. Aber werden vor allem wir Schriftsteller auch selber in ihr mobil, leisten wir währenden Widerstand gegen den fundamentalistischen Anschlag, und widersprechen wir jenen Kleingeistern, nicht zuletzt aus der schreibenden Zunft, denen nichts einfällt als das sattsam bekannte »Man kann ja doch nichts dagegen machen...«.

Wir können – *mit der Kraft des Wortes!* Dazu abschließend ein kurzer historischer Exkurs. Am 13. Oktober 1761 erhängte sich Marc Antoine Calas, Sohn des Tuchhändlers Jean Calas, auf dem Dachboden des elterlichen Hauses in Toulouse. An dem Selbstmord des Achtundzwanzigjährigen konnte es keinen Zweifel geben, auch wenn der untröstlichen Familie das Motiv ein Rätsel blieb. 1761 war das 18. Regierungsjahr seiner Allerkatholischsten Majestät, Ludwigs XV., die Calas aber waren Hugenotten, also Anhänger des französischen Protestantismus. Der war zwar geschwächt, aber fast zwei Jahrhunderte nach der Bartholomäusnacht von 1572 immer noch eine wirtschaftlich und politisch mächtige Kraft, die von der absolutistischen Monarchie gefürchtet war. Und so wurde Jean Calas denn angeschuldigt, den eigenen Sohn getötet zu haben, um dessen beabsichtigten Übertritt zum Katholizismus zu verhindern. Wir kennen die Protokolle der hochnotpeinlichen Verhöre. Sie beweisen, daß Jean Calas unerschütterlich auf seiner Unschuld bestand. Dennoch lautete der Spruch: »Schuldig!« Bevor die Richter von Toulouse den Delinquenten dem Scheiterhaufen überantworteten, gaben sie ihn für die »gewöhnliche« und die »außerordentliche Folter« frei – die römische Kirche will das Geständnis des Ketzers. Sie bekommt es nicht.

Die Hinrichtung erfolgt am 9. März 1762 und entblößt den

grausamen Charakter einer klerusabhängigen Gerichtsbarkeit: nackt über ein Rad gebunden, mit dem Kopf nach unten, werden Jean Calas mit einer schweren Eisenstange Arme und Beine gebrochen, jedes einzelne Glied an zwei Stellen, mit kalkulierten Intervallen zur Verlängerung der Qualen. Dazwischen hält der Priester dem Verstümmelten das Kruzifix zum Kusse entgegen, aber der wendet den Kopf ab. Dann, endlich, gibt der Henker ihm den Todesstoß, das heißt, er zerschmettert ihm die Brust mit dem dicken Ende der Eisenstange. So starb Jean Calas – es dauerte zwei Stunden.

Aber zu Ende war die Geschichte damit nicht. Voltaire, das »Gewissen seines Zeitalters«, erfährt von dem Justizmord erst nach der Hinrichtung. Er prüft lange, ehe er am 13. Februar 1763 schreibt: »Ich wage es, der Unschuld des Calas so sicher zu sein wie meiner eigenen Existenz!« Dann mobilisiert der große Aufklärer den ganzen Einfluß seines Namens in Europa und erlahmte darin über zwei Jahre keinen einzigen Tag. Den Ausschlag gibt sein 1764 erscheinender »Traktat über die Toleranz«, eine umfassende Geschichte der Folgen von Unduldsamkeit, verfaßt in der klaren Prosa eines klaren Humanismus. Sie führt zur Wiederaufnahme des Verfahrens, das am 9. März 1765 ein neues Urteil über Jean Calas fällt: »Unschuldig!« Das Unglaubliche, Unerwartete, die Revision – sie konnte Jean Calas nicht wieder zum Leben erwecken. Aber die Macht, die Selbstgerechtigkeit, die Lüge, diesmal waren sie auf der Strecke geblieben – durch die Kraft des Wortes! Victor Hugo am 30. Mai 1878, zum 100. Todestag Voltaires, vor dessen Sarkophag im Pariser Pantheon: »Du plädiertest *gegen* die Tyrannen und die Ungeheuer und *für* die Sache des Menschengeschlechts, und du gewannst sie. Großer Mann, sei auf immer gesegnet!«

Sie, Salman Rushdie, sollen als Lebender triumphieren, und die Kraft des Wortes soll ihren Beitrag dazu leisten. Die moderne Kommunikationstechnik hat uns Schriftstellern und Journalisten dazu Mittel in die Hand gegeben wie nie zuvor.

Denn das Menetekel, das an der Wand des ausgehenden Jahrhunderts gegen seine Tyrannen, Despoten, Diktatoren, Folterer und »Wahrheitsbesitzer« geschrieben steht; der Todfeind, an den sich die politischen, ideologischen und religiösen Gewalttäter nie gewöhnen werden, heißt: Öffentlichkeit! Nutzen wir sie – ein Schwur!

In diesem Sinne Ihnen, Salman Rushdie, Ehre, Gruß und Solidarität!

Unverbrüchlich, Ihr

Ralph Giordano

8.2.1992

Margaret Atwood: *Traum im Kopf eines Taugenichts*

Ich bin gerade in Südfrankreich. Nur wenige Kilometer von hier gibt es einen Felsen, der mehrere tausend Jahre lang eine Festung war. Auf seiner Spitze findet man ein in den Stein geschnittenes Becken, wo die ligurischen Kelten Opfern den Kopf abschlugen.

Dieser Glaube ist sehr alt: Die Überzeugung, Gott sei ein wütender Vampir, der menschliches Blut fordere... alt, eingefleischt und schwer loszuwerden, wie es die Geschichte dieser Gegend im Mittelalter zur Genüge beweist. Hier gab es viel Ketzerei, viel Blutvergießen. Die Katharer kämpften hier ihren letzten Kampf; etwas später wurden hier die WaldenserInnen in Massen gefoltert, vergewaltigt, verstümmelt und hingeschlachtet; hier lebten zahlreiche Hugenotten bis zum Widerruf des Edikts von Nantes – als Frankreich für sie so gefährlich wurde, daß sie es als »die Wüste« bezeichneten. Und jede Schlächterei, jede Folter wurde feierlich im Namen Gottes begangen – das wirft ein etwas gespenstisches Licht auf die niedlichen Weihnachtskrippen in den Geschäften und die dankbaren Votivtäfelchen in den hiesigen Kirchen. Aber wird eine Religion durch ihre Extremisten entwertet oder durch jene, die sie zynisch nutzen, um ihre eigene Macht zu festigen? Wenn ja, dann haben die meisten von ihnen – und die meisten von uns – gewaltige Probleme...

Was das Vorspiel wäre. Neulich dachte ich an die Zeit zurück, als ich Ihr Buch zum erstenmal las. Es war gerade herausgekommen, und ich las eifrig, bis ich zu der Passage kam, die seitdem für all den Aufruhr gesorgt hat. Damals schoß mir ein winziger Hauch des Zweifels durch den Kopf: »Könnte es sein«, dachte ich, »daß einige Moslems sich darüber ernstlich aufregen?« Aber nein, dachte ich; diese Passage gehört zu einem Traum im Kopf einer Figur, die ein Taugenichts ist. Kein Leser käme auf die Idee, diese Passage für die wahre Meinung des Autors zu halten.

Nun, ich habe mich schon öfter getäuscht, aber selten so deutlich wie dieses Mal. Da ich aus einer seelenerforschenden protestantischen Familie komme, dachte ich – nach den Demonstrationen, nach der Fatwa, nach den Ereignissen, die Sie auf so unumkehrbare und bedauerliche Weise zu einer historischen Figur machten – über die Gründe meines Irrtums nach. Teilweise lagen sie zweifellos in jenem albernen Optimismus, der mich zu dem Glauben verführt, jeder Mensch lese Bücher sorgfältig und gründlich und mit einem Gefühl für Ironie und Feinheiten (obwohl Schriftsteller wissen, daß viele Kritiker nicht einmal die Handlung richtig wiedergeben können, geschweige denn die Kernfrage) – aber teilweise lagen sie mit Sicherheit auch in meiner Verwurzelung als Leserin in der Heterogenität der christlichen Tradition.

Das Christentum ist ein Haus mit vielen Wohnungen, und das hängt mit der Tatsache zusammen, daß sein heiliger Text, die Bibel, nicht an einem Ort und auf einmal veröffentlicht und noch nicht einmal in einer einzigen Sprache geschrieben wurde; es ist eine Sammlung von Texten. Ihre Form ergibt sich aus der Zusammenstellung ganz verschiedener Teile – Familienstammbäume, Poesie, Lieder, Drama, vielerart Erzählungen – und nicht aus der Einheit eines Willens, eines Stils, eines Impulses. Die Art und Weise, wie sie gelesen wurde, entwickelte sich über die Jahrhunderte und war ähnlich polyphonal: Damit das Buch einen Sinn ergab, mußte jedes heilige Element in der säkularen und dämonischen Welt Gegenstücke haben, zu jedem Typ gehörte sein Gegentyp. Für Christus gab es den Antichrist, für den Lebensbaum gab es den Baum des Todes, für den Garten gab es die Wüste, für die Jungfrau Maria die babylonische Hure. Antitypen oder dämonische Parodien konnten dieselbe äußere Form wie die Prototypen annehmen, aber ihr Gehalt – ihre spirituelle Polarität – war eine Umkehrung.

Als Kultur hat das Christentum dazu tendiert, diese Umkehrung zuzulassen; mit zulassen meine ich, daß sie sich äußern durfte, eine Stimme und eine Funktion erhielt. Tatsächlich war sie Teil des göttlichen Dramas: ohne den Teufel kein Sündenfall und keine Erlösung. In mittelalterlichen Kirchenprozessen war der Advocatus diaboli eine notwendige Figur, dämonische Wasserspeier mit Hörnern und Fledermausflügeln grinsen von Kathedralen, und auch in den Kirchen selbst sind Teufel und satirische Grotesken zu finden. Und der Kalender der Kirche verzeichnet eigenartige Feste, besonders den Fastnachtsdienstag, wenn die normale Ordnung der Dinge auf den Kopf gestellt wird, wenn sich der Spott über Würdenträger und Machthaber ergießt.

Daher – denn im Westen ist die Literaturkritik ein Kind der Bibelexegese – lese und verstehe ich Ihr Buch auf diese Weise. Die Figur des Propheten wird nicht herabgewürdigt, weil sie in Versuchung gerät, also als menschlich dargestellt wird – auch Christus kam in Versuchung; und die Frauen, die die Namen der Frauen des Propheten annahmen, waren für mich Antitypen. Las ich Ihr Buch falsch? Durchaus möglich – aber, wie ich hoffe, weniger falsch als jemand, der jedes Wort für die Proklamation einer buchstäblichen Wahrheit nimmt.

Dies waren einige Erklärungen für meine eigene frühere Kurzsichtigkeit – Erklärungen, die zunehmend an Bedeutung verloren, weil im Laufe der Zeit deutlich wurde, daß Ihr Buch nicht einfach einem kulturell bestimmten Mißverständnis zum Opfer gefallen, sondern in ein höchst nützliches Propagandawerkzeug verwandelt worden war – aus Gründen, die mit dem Buch als Buch herzlich wenig zu tun hatten. Literarische Feinheiten waren schlicht und einfach pulverisiert worden. Noch deutlicher wurde mir, warum ich in der Einheit von Glauben und Staat – jedes Glaubens, jedes Staates – potentiell die am stärksten unterdrückerische aller möglichen Kombinationen sehe. Wenn eine Meinungsverschiedenheit mit einer zeitlichen Macht als Streit mit Gott interpretiert wird, dann wird jede Frage zur Ketzerei, und alle Dissidenten werden dämonisiert.

Der christliche Westen brauchte fast zweitausend Jahre, um mit seiner eigenen Vielfalt zu einem unsicheren Waffenstillstand zu kommen. Die Opfer auf den knochenübersäten Wegen zur religiösen Toleranz zählen nach Millionen, und die Scheiterhaufen glimmen noch. Ich würde gerne sagen, daß all dieser Tod, diese Vernichtung letzten Endes einen Sinn hatten. Ich würde gerne sagen, daß die Idee der Gewissens- und daher der Redefreiheit den Sieg davontrug. In gewisser Weise war es so, an manchen Orten; für Sie ist das allerdings ein schwacher Trost, da Sie noch nicht einmal einen Laib Brot kaufen können, ohne Ihr Leben zu riskieren.

Vielleicht wird uns etwas erst dann wertvoll, wenn wir wissen, daß ein hoher Preis dafür gezahlt wurde; und in diesem Falle scheinen wir den Preis vergessen zu haben. »Gewissensfreiheit« klingt ein bißchen hochtrabend – bis man sich daran erinnert, wie viele starben, bis sie erreicht war. Und noch heute sterben: Warum stehen heute, wenn eine repressive Diktatur irgendwo die Macht übernimmt, die Schriftsteller in der ersten Reihe?

Vielleicht sollte es ein Grab des Unbekannten Schriftstellers geben, der im Krieg der Phantasie gefallen ist. Das waren eine ganze Menge. Ich hoffe, es werden nicht noch mehr.

Margaret Atwood

10.2.1992

Gertrud Seehaus:
Ein Wort für Schwarzpulver

Lieber Salman Rushdie,

es ist ein wenig eigenartig, auf die relativ vertrauliche Anrede auf dem in meine Schreibmaschine eingespannten Blatt zu schauen. Der, den ich so anrede, den kenne ich schließlich nicht. Und doch kenne ich Sie natürlich – wie die ganze Welt Sie inzwischen kennt. Wenn in den letzten drei Jahren Äußerungen von Ihnen in die Welt der Straßenbahnfahrer, Kino- und Partygänger, Geburtstagsfeierer, Schwimmbadbesucher, Straßenflanierer, Kinderwagenschieber, Kirchen-, Synagogen- oder Moscheebesucher, Festteilnehmer oder Versammlungsmitglieder drangen, in jene Welt also, der Sie seit fast drei Jahren nicht mehr angehören, habe ich stets aufmerksam hingesehen und -gehört. Etwas Außerordentliches begab sich dort: Es kamen Nachrichten aus einer ultramodernen Raumfähre, eine Isolationskapsel besonderer Art, bei deren Herstellung finsterste vorgestrige Denkweise und modernste Technik gut zusammengearbeitet hatten. Ein Mann war weltweit zu sehen und zu hören, der, wie man wußte, durch Bannspruch gleichzeitig zu einem der einsamsten Menschen der Welt gemacht worden war.

Bei jeder dieser Nachrichten, die von Ihnen zu uns drangen, habe ich mich gefragt: Ist er noch guten Mutes? Gibt er die Hoffnung nicht auf? Oder resigniert er gar? Und immer war ich froh, Sie als Handelnden, Eingreifenden, einen seine spärlichen Möglichkeiten kreativ Nutzenden zu erleben.

Niemand, der schreibt, bleibt durch das Wissen um Ihre Situation ungeschoren. Es ist, als stellten sich alte Fragen neu: Was bedeutet Meinungsfreiheit, die Freiheit des Redens und Schreibens, wenn sie gekoppelt ist an die Frage der reinen, nackten Existenz? Wie lebt ein Schriftsteller mit einem hochgradigen Verlust von Welt, wie beeinflußt, verändert das sein Schreiben?

Natürlich öffnet es Ihnen nicht die Türen zur Welt, wenn Schriftsteller an den unterschiedlichsten Orten zusammensitzen und diese Fragen erörtern. Aber es mag ein ganz kleiner Trost sein zu wissen, daß Sie auf diese Art in unseren Gedanken sind. Und vielleicht dringt ein wenig Welt zu Ihnen, wenn wir jetzt unsere Gedanken zu Ihnen auf den Weg bringen.

Im letzten Jahrzehnt habe ich sechs Jahre in Jerusalem verbracht, diesem einzigartigen Treffpunkt der monotheistischen Religionen Judentum, Christentum, Islam. Obwohl ich meinen römisch-katholischen Glauben als Erwachsene aufgegeben habe und nicht mehr im Sinne einer vorgegebenen Religion glaube, führt ein Ort wie Jerusalem fast zwangsweise zur Beschäftigung mit Religionen und ihren Wirkungen. Angesichts der wunderbaren Gedankengebäude der drei dort versammelten Religionen und angesichts dessen, wozu diese Religionen mißbraucht werden, habe ich folgendes Gedicht geschrieben. Ich widme es Ihnen, lieber Kollege Rushdie.

Trau nicht den Wörtern

Die Unschuld aus Wörtern gesogen
wie Mark aus den Knochen
Stehn Hüllen herum
Gerüste aus Konsonanten
Quallen zerdehnter Vokale
kleben im Schlamm

Gott
ein Wort für Schwarzpulver
und die Anfertigung von Leichen
aus lebenden Körpern

Gott
schreien sie
schwingen Messer
legen Brände
laden und feuern Kanonen
Gott
ist ihr Wort

Um meinen Brief nicht mit den düsteren Worten des Gedichts abzuschließen, drücke ich die Hoffnung aus, daß es in nicht allzu ferner Zukunft Ihre Freiheit zu feiern gilt. Wenn ich in einigen Tagen mit Schriftstellerkollegen zusammensitze, werden wir unsere Gläser heben und auf die Freiheit von Gedanken und Worten trinken. Und auf Sie, lieber Salman Rushdie.

Mit Grüßen
von Schreibtisch zu Schreibtisch,

Ihre *Gertrud Seehaus*

10.2.1992

Elfriede Jelinek:
Heimkunft ins Auge des Orkans

Lieber Salman Rushdie!

Was sagt man einem, der bleiben muß, wo er ist, der nicht mehr über sich verfügen kann? Der schreibt, also etwas denkt, das bleiben soll. Etwas, das über ihn hinausgeht. Aber er selbst muß an seinem geheimen Ort verharren. Dem, der das Bleibende schafft, dem sollte auch gestattet sein, sich im Eigenen auszuruhen. Das ist Ihnen nicht gegönnt. Man reißt Sie heraus und zwingt Sie, immer woanders zu sein und wahrscheinlich nie an den Orten, wo Sie am liebsten bleiben möchten.

Das ist eine Tragödie, in die sich hineinzuversetzen schwerfällt. Sie bekennen sich zum Islam, der Frauen, wie ich eine bin, das Verhüllen vorschreibt. Der ihnen verbietet, dazusein, gesehen zu werden. Doch die Frauen, die sich zum Islam gehörig fühlen, sagen, sie müßten zwar unsichtbar sein, würden aber doch ihrerseits alles sehen können. Das gibt ihnen Macht: sehen können, ohne selbst gesehen zu werden. Es gibt sie zwar, aber auch wieder nicht, doch sie haben das Recht des ungesehenen Blickes. Ich weiß nicht, wie weit Ihr Recht, zu schauen, zu sehen, eingeschränkt ist. Ihr Recht zu bleiben ist es gewiß. Was bleibt dabei uns? Wir, Ihre Kolleginnen und Kollegen, die nicht bedroht sind, wir müssen für Ihre Heimkunft kämpfen, die beim Dichter immer ein Nachhausekommen ins Eigene bedeutet. Aber dieses Nachhausekommen kann Ihnen jetzt schon keiner streitig machen, denn in diesem Eigensten können Sie ja bleiben: es ist Ihr Denken und Schreiben. Es ist das einzige, das Ihnen bleibt. Trotzdem, vielleicht reicht das nicht. Gewiß brauchen Sie auch eine Heimkunft, die ein Wiederhinausgehen ist, die sich auch ins Unheimlichste denken kann, sich ins Unheimlichste begeben können muß? In das Auge des Orkans. In die brüllenden Münder. In die blutüberronnenen Denkmäler.

Was sage ich einem, der zu diesem verborgenen Leben gezwungen ist und sich dennoch zu der Religion bekennt, in deren Namen er zu dieser Verborgenheit, noch dazu ständig unter der Drohung des Todes, gezwungen ist? Und selbstverständlich ist es Ihr gutes Recht, so zu denken. Welcher koloniale Hochmut dürfte es Ihnen verwehren? Und welcher Hochmut dürfte Ihnen verwehren, das, was Ihnen offenkundig heilig ist, dennoch mit Spott zu übergießen? (Denn daß Sie Blasphemie betreiben, haben Sie ja immer geleugnet.) Der britisch-pakistanische Autor und Filmemacher Hanif Kureishi sagt: »Ich fände es ungehörig und herablassend, wollte ich meinen asiatischen Figuren an Satire, Spott und Parodie ersparen, was ich meinen weißen Charakteren zumute.« Es ist der Blick des Hochmuts, des Patronisierens, der den Protagonisten der Dichtung, nur weil sie aus einer anderen als der westlichen Kultur stammen, den scharfen Blick der Ironie, der, ja, warum nicht, auch: Lächerlichkeit zu ersparen trachtet. Dieses Ersparen wäre ein Verweigern. Es würde jenen etwas verweigern, mit dem Blick des Herrn, denen auch sonst in unserer ersten Welt des weißen Mannes alles verweigert wird.

Trotzdem: Ich weiß nicht, was ich einem wie Ihnen sagen soll. Daß wir alle zusammengehören, die, im Schreiben, nur in sich selbst zu Hause sind? Das wäre Anmaßung, denn ich kann jederzeit gehen, wohin ich will. Daß wir nur heimisch werden können, indem wir uns durch das Unheimischsein, eigentlich das Unheimliche, durchkämpfen mit den stumpfen Messern unserer Sprache, um uns das, worüber wir schreiben, anzueignen? Um dann dort endlich und endgültig bleiben zu dürfen? Und selbst das wird dann keine sehr sichere Behausung sein, fürchte ich, denn, kaum angekommen, würden wir schon wieder fortwollen.

Wird Ihnen Geschichte verweigert, die ja bedeutet, in den Prozeß des irgendwo Heimischwerdens eingegliedert zu sein, um von diesem Heim aus wieder aufbrechen zu können? Wird Ihnen der absolute Stillstand aufgezwungen?

Nein. Der Gang in die Geschichte geht geradewegs auf Sie zu und dann aus Ihnen wieder heraus. Und Sie sind eigentlich der Schnellste, denn Sie wissen, daß Sie die Wahrheit, deren redegewaltige Pächter sie ständig (diesen verschmierten Fetzen!) unter-

einander aufteilen, ohne daß sie je weniger wird, daß Sie also die Wahrheit nie erfahren, nie bekommen werden. Diese Wahrheit, die mit den Tausenden von gereckten Fäusten in der Schar der brüllenden Fanatiker wie blutiges Fleisch aus den empfindlichen Läufen der Geschichte herausgerissen wird. Und doch läuft die Geschichte immer weiter. Sie, lieber Salman Rushdie, Sie laufen auch. Nur die paar Freunde sind neben Ihnen, der Weg wird breiter, und irgendwann einmal sind Sie da.
Herzlich,

Ihre *Elfriede Jelinek*

11.2.1992

William Styron:
Fanatismus ökumenisch

Kurz vor dem dritten Jahrestag des Urteils gegen Salman Rushdie herrscht ein Gefühl von Frustration und Hilflosigkeit, und man kann dagegen kaum mehr unternehmen, als diesem empörend mißhandelten Mann feste und anhaltende Solidarität zu bekunden, in der verzweifelten Hoffnung, er werde irgendwie von dem Edikt befreit, das ihm solche Leiden angetan hat. Es gibt nur wenig Grund zum Optimismus – das läßt sich an der neueren Entwicklung in Ägypten ablesen, wo der Romancier Alaa Hamed von einem Sicherheitsgericht zu acht Jahren Gefängnis verurteilt wurde, weil er einen Roman geschrieben hatte, den man für blasphemisch hielt. Wie Rushdie in der Zeit vor seinem Urteilsspruch aus Teheran wurde auch Hamed von religiösen Extremisten mit dem Tode bedroht.

Weil Ägypten nach islamischen Maßstäben liberal ist, klingt die Botschaft um so düsterer: Auf der Tagesordnung scheint nun weniger Toleranz für Schriftsteller zu stehen, besonders in religiösen Fragen. Wäre diese Bekundung fundamentalistischer Orthodoxie nur auf den Islam beschränkt, wäre das schlimm genug – aber ein solcher Fanatismus macht sich inzwischen auch an scheinbar unwahrscheinlichen Orten bemerkbar: in den Vereinigten Staaten von Amerika zum Beispiel, der Bastion der Menschenrechte. Vielleicht läßt sich der an Rushdie verübten Scheußlichkeit am nützlichsten gedenken, wenn wir vor diesem Hintergrund ähnliche Versuche betrachten, der Freiheit im Namen einer höheren Macht tödliche Wunden beizubringen.

Christen sind für engstirnige Ansichten ebenso anfällig wie Moslems. Der ehemalige Präsident Jimmy Carter, ein »wiedergeborener« Christ, wird wegen seiner humanen und aufgeklärten Haltung von vielen bewundert – zu Recht. Aber wenn er das Todesurteil gegen Rushdie auch nicht offen billigte, so äußerte er doch seine philosophische Übereinstimmung mit dem Verdammungsurteil des Ayatollah gegen die angebliche Blasphemie des Schriftstellers. Die strikten Fundamentalisten in Islam und Christentum scheinen in Fragen heiliger Schriften seelenverwandt. Wenn man angesichts solcher Intoleranz Dankbarkeit empfindet, daß die Vereinigten Staaten sich niemals zu einer christlichen Theokratie entwickelten, so wie der Iran zu einer islamischen, dann dürfen wir dennoch nicht vergessen, daß im amerikanischen Leben die religiöse Bigotterie nach wie vor eine mächtige Kraft darstellt.

Glücklicherweise wirkt sich diese Bigotterie bis jetzt noch nicht auf Schriftsteller aus, jedenfalls nicht offiziell; in bezug auf Schriftsteller und die Freiheit des Schreibens bleiben die Vereinigten Staaten wahrscheinlich die freieste Nation der Erde. Aber schon verüben religiöse Extremisten gefährliche Übergriffe gegen die Menschenrechte, und in vorderster Front der Auseinandersetzung steht die Abtreibung. Während sich praktisch jede fortgeschrittene Nation erfolgreich mit dieser Frage auseinandergesetzt und die Abtreibung zugelassen hat – und das gilt auch für katholische Länder wie Frankreich und Italien –, hat dieses Thema in den Vereinigten Staaten haßerfüllte Konflikte ausgelöst. Daß es hier zu keiner Lösung kam, hat unsere Gesetze und unseren politischen Alltag belastet, wenn nicht gar pervertiert, und das Gewebe der Gesellschaft schwerem Druck ausgesetzt. Und es ist eine Gesellschaft, in der aus jeder Umfrage hervorging, daß die überwältigende Mehrheit des Volkes für das Recht der Frauen auf Abtreibung eintritt, wenn sie das wollen. Und gegen dieses Recht sind am wirksamsten nicht jene aufgetreten, die die Abtreibung aus vernünftigen philosophischen oder persönlichen Gründen ablehnen, den Staat jedoch nicht in die Entscheidung einer Frau eingreifen lassen wollen, sondern es waren die Kräfte des religiösen Fanatismus.

Man könnte die hysterischen Gesichter des Mobs bei den kürzlichen Demonstrationen der Abtreibungsgegner in Wichita, Kansas, über die Gesichter der wahren Gläubigen in Bradford in England legen, die vor einigen Jahren nach Rushdies Blut schrien – diese Gesichter wären nicht auseinanderzuhalten. Die islamischen Extremisten und die amerikanischen Eiferer gegen die Abtreibung (die ironischerweise »für das Leben« eintreten), in erster Linie aus protestantischen Fundamentalisten und Katholiken der äußersten Rechten, haben das gleiche Ziel der Vernichtung: der Vernichtung des Lebens eines Mannes und der Vernichtung des Rechts einer Frau, über einen zentralen Aspekt ihres Lebens selbst zu bestimmen – die Geburt eines Kindes. Jede Gruppe will für sich die Autorität, grundlegende menschliche Freiheiten abzuschaffen – das ist ein faschistisches Ziel –, und jede würde auch nicht von der Gewalt zurückschrecken, die für eine zivilisierte Gesellschaft unerträglich ist. Die erschrekkende und hemmungslose Leidenschaft, die jede Gruppe bei der Verfolgung ihrer Ziele an den Tag legte, hat deutlich gemacht, daß solcher Fanatismus ökumenisch ist – das ist nicht nur ein östliches Phänomen, sondern bedroht den Westen auf gleiche Weise.

An diesem Jahrestag des Beginns von Salman Rushdies Leidensweg mag der Mann selbst einen geringen Trost darin finden, daß sein Martyrium zu Lebzeiten, wenn man das so nennen kann, der Welt deutlicher vor Augen geführt hat, was blinde Orthodoxie an Schrecken und Gefahren für Männer und Frauen in aller Welt bereithält.

12.2.1992

Jatinder Verma: *Das Schweigen des Ghettos*

Es heißt, in der Hölle gebe es für jede Gruppe Wächter, die darauf achten sollen, daß niemand aus dem feurigen Schlund entflieht – für jede Gruppe, außer den Südasiaten. Denn die ziehen einander selbst ins Feuer zurück. Dieser Witz, der unter Asiaten kursiert, ist seit dem 14. Februar 1989 grimmige Wirklichkeit geworden. Ich rede natürlich von unserem Verhältnis zu einem von uns, zu Salman Rushdie.

Zunächst möchte ich klarstellen, daß ich kein Moslem bin, damit bestimmte Kreise es leichter haben, meine Ansichten abzutun. Ich bin ebenjener »übersetzte Mensch«, den Salman in den letzten zehn Jahren so umfassend analysiert hat: ein Asiate, dies als erstes, in Britannien. Bevor wir Moslems und Hindus und Sikhs und Bengalen und Pandschabis und Gujaratis und Inder und Pakistanis und Bangladeschis und Khalistanis wurden, waren wir (und bleiben bei jeder Gelegenheit) »Asiaten« – oder »Pakis«, um es ganz deutlich zu sagen.

Zwei Jahrzehnte des Kampfes um eine eigene Stimme – des Kampfes um das Recht, unsere Hoffnungen und Ängste zum Ausdruck zu bringen; des Versuchs, unsere Existenz im öffentlichen britischen Leben geltend zu machen, in einer Atmosphäre, in der wir über keinerlei Selbstbild verfügten – haben seit Februar 1989 damit geendet, daß wir in faktisches Schweigen zurückgefallen sind; paradoxerweise durch unser eigenes Tun. Ich sage »unser«, obwohl es in Wirklichkeit nur eine Handvoll jener war, die uns zu vertreten behaupten, die als erste die Sprache von Höllenfeuer und Verdammnis heranzogen, um Salman als Verräter an der Gemeinschaft zu malen.

Jenes selben Salman, der für uns alle ein Grund zum Stolz war, als er 1981 für *Midnights Children* den Booker Preis gewann. Mit seinem Sieg wurden wir alle zu Preisträgern; nun konnten wir daran glauben, daß unsere Sprache in diesem, unserem

Adoptivland endlich gehört werde. Hier war ein Mann, der bereit war, als er selbst zu sprechen – als Asiate, Einwanderer, Paki – und nicht als irgendeine »Kokosnuß«: braune Haut und innen weiß. Und der Preis schien den Mann nicht zu mindern, verführte ihn nicht zum Größenwahn (was einige befürchtet hatten). Sein scharfer Angriff gegen den Rassismus, der im gerade entstandenen Channel 4 gesendet wurde, artikulierte erneut unsere eigenen unfertigen Gedanken zum Leben in Britannien. Er gab unserem Leben eine Geschichte – machte uns zu mehr als bloß einem »Einwandererproblem«. Vor allem zeigte Salmans Auftreten in den achtziger Jahren, daß man vor dem Establishment nicht buckeln mußte, wenn man in der britischen Öffentlichkeit gehört werden wollte.

Nun, zu unserer Schande, wollen ihn einige unter uns zum Buckeln vor einem ähnlichen Establishment bringen (es ist eine Ironie unseres Lebens in Britannien, daß wir jetzt unser eigenes Establishment haben, unsere eigenen Orthodoxien – wenn diese auch in Ermangelung echter Macht nur auf die Kleinstadt-Macht von Furcht und Einschüchterung zurückgreifen können).

Ich hielt es für nötig, heute an den Salman vor dem Valentinstag zu erinnern, weil bei den letzten beiden Weihnachten einiges durcheinandergeraten zu sein scheint. 1990, mit seiner groß publizierten »Bekehrung«, schien Salman viele seiner Anhänger, darunter auch mich, zu verwirren. Da uns dieser Wandel nicht völlig einsichtig war, mußten wir dem Mann schlicht »die Treue halten«, wenn er sich seinen eigenen Weg aus seinen Schwierigkeiten bahnte. Letztes Jahr, mit seiner Rede in New York, schien der alte kämpferische Salman zurückgekehrt. Aber beide Ereignisse, so scheint mir, entspringen einem einfachen Motiv: einen Weg aus dem Schweigen zu finden. Die Verbannung aus dem öffentlichen Bewußtsein gestattet es, zu vergessen, daß eine Geisel unter uns lebt.

Der Stolz von 1981 war ein kollektiver Stolz, und so ist die Schande von heute auch unser aller Schande. Nicht das weiße Establishment sperrte Salman ein – wir Asiaten haben das getan. Dieser Judasakt hängt nun nicht nur uns Asiaten an, sondern auch unseren zukünftigen Generationen, solange Salman in der

Haft der drohenden Fatwa bleibt. Solange wir mit dieser Schande leben, werden wir all unsere Hoffnungen auf ein anderes Leben in Britannien in einer Zeit niederbrechender Mauern zum Verstummen gebracht haben.

Da wir auf der Schwelle zu einem folgenschweren Jahr für Britannien und Europa stehen, beschwöre ich Mr. Liaqat Husein, Mr. Hasan el-Kasawi, Dr. Kalim Siddiqi, Dr. Schabir Achtar etc., ihre anhaltende Opposition gegen Salman Rushdie aufzugeben. Schließt euch lieber mit ihm (und dem Rest der verstummten asiatischen Mehrheit – stumm inmitten des gebildeten Redeschwalls der wenigen) zusammen, um die Aufhebung der Fatwa zu verlangen; damit Salman wieder unter uns leben und arbeiten kann, ohne ständig über die Schulter sehen zu müssen. Er gehört zu uns – er ist ein Teil eines dauernden Erbteils unserer alten Zivilisationen: der Pluralität des Denkens und der Haltung. Seine fortgesetzte Haft ist kein Sieg für Ihre Sache: Sie dient lediglich dazu, uns alle – Moslems und Nicht-Moslems gleichermaßen – in das Schweigen des Ghettos zu sperren; wo unsere wichtigste Sorge – Arbeitslosigkeit, Bewegungsfreiheit in Europa, Chancengleichheit – marginalisiert bleiben wird. Sie glauben vielleicht, Sie stünden mit einem Bein in einer anderen Heimat. Die meisten von uns haben keine solche Wahl. Unsere Heimat ist hier. Schließen Sie sich uns an. Oder lassen Sie uns die Freiheit, eine Vision von Heimat zu realisieren, in der die Verschiedenheit nicht Verleumdung bedeutet. In der weder Sie noch Ihre Gegenspieler uns einen Loyalitätstest aufzwingen können.

Zum Valentinstag gibt es zweierlei Assoziationen: Er ist ein Tag für den Austausch von Geschenken, aber er erinnert auch an das Gangstermassaker in den zwanziger Jahren in Chicago! Schließen Sie sich uns an, Mr. Liaqat Husein, Mr. Hasan el-Kasawi, Dr. Kalim Siddiqi, Dr. Schabir Achtar etc., damit die eine Bedeutung lebendig bleibt und die andere nicht Wirklichkeit werden kann.

Jatinder Verma

13.2.1992

Martin Walser: *Jede Menge Sony und IBM*

Sehr geehrter Salman Rushdie,

was Sie erleben müssen, zeigt uns, wie ohnmächtig wir sind. Wir, das sind alle, die den Terror, den die monotheistische Religion produziert, verabscheuen. Gesten und Meinungen – mehr haben wir nicht. Die monotheistische Religion hat immer Täter, Mörder also und Folterer. Die monotheistische Religion hat immer die Wahrheit. Aber diese Wahrheit braucht zu ihrer Erhaltung und Propagierung offenbar den Terror. Noch keine monotheistische Religion hat auf Terror verzichtet. Auch der Marxismus nicht, diese letzte Ausgeburt des monotheistischen Denkens.

Können wir gar nichts tun? Helfen vielleicht Boykotte? Ich glaube, Boykotte verwandeln das Lager des Fundamentalismus in eine Festung. Es ist zweifellos befriedigender, von der ganzen Welt einen Boykott des fundamentalistisch regierten Staates zu fordern, als einzugestehen, daß man ohnmächtig ist. Ich halte es nicht für eine Schande, mit den fundamentalistischen Terroristen im Gespräch zu bleiben. Könnte es nicht sein, daß Sony, IBM und Siemens dem Monotheismus auf die Dauer gefährlicher werden als unsere Gesten und Meinungen? Das heißt nicht, daß wir auf unsere Gesten und Meinungen verzichten können, auch wenn wir in Gesten und Meinungen vor allem unsere Ohnmacht erleben. Ich kann meine Ohnmacht nicht dadurch erträglicher machen, daß ich andere beschuldige, dem fundamentalistischen Terrorismus gegenüber nicht richtig operiert zu haben. Ich weiß nicht, welches Mittel das beste ist gegen den Terror der Wahrheitsbesitzer. Und weil ich das beste Mittel nicht kenne, möchte ich auf keines verzichten. Auch nicht auf Sony, IBM und Siemens. Ich verstehe, daß Sie, sehr geehrter Herr Rushdie, durch Ihr Bekenntnis zum Islam ein Zeichen geben wollten. Das war eine große Geste. Vielleicht bewirkt sie doch noch etwas im Lager der Wahrheitsbesitzer. Ich meine, daß der Prozeß auf dieser

Erde gegen die monotheistische Religion verläuft. Gegen den Wahrheitsbesitz. Gegen den Fundamentalismus. Es scheint aber so, daß die Ungleichzeitigkeit der Kulturen sich zur Zeit verschärft. Der Westen hat offenbar mit seinen politischen und kulturellen Anmaßungen zur Verstärkung des Fundamentalismus beigetragen. So wie der verlogene Internationalismus des Marxismus eine grelle Spur von Nationalismen hinterläßt.

Wahrheitsbesitzer kann man nicht bekämpfen. Man kann allenfalls versuchen, ihnen vorzuleben, wie es ist, ohne Wahrheit zu leben. Man kann nicht recht haben. Man kann nichts besser wissen. Ich würde die Fundamentalisten immer zu jeder Buchmesse dieser Welt einladen. Mir kommt es vor, als nütze dem Fundamentalismus nichts so sehr wie die Einschließung und Ausgrenzung. Festung zu sein, Belagerungszustand, überhaupt Kriegsartiges, das muß ihm nützen. Ich würde immer und überall das Gespräch mit Fundamentalisten suchen. Ich würde ihnen jede Menge Sony und IBM verkaufen. Ich habe als Kind mit Hilfe einer Taschenlampe unter der Bettdecke verbotene Bücher gelesen. Das spricht für Sony und IBM und Siemens. Wir leben alle in und von irgendeinem Glauben. Aber es darf kein Glaube besser sein als ein anderer. Der letzte Feind des Friedens ist der Monotheismus. Daß man sich einer Art, die Welt zu erklären, anschließen soll, führt zum Terror. Wir können nicht darauf verzichten, diesem Terror mit Meinungen und Gesten zu antworten.

Ich kann mir keinen Schriftsteller denken, der sich jetzt nicht mit Ihnen, sehr geehrter Salman Rushdie, solidarisch empfände. Es gibt zur Zeit keinen Schriftsteller auf dieser Erde, dem alle anderen sich so verbunden fühlen wie Ihnen. In Ihnen kommt unsere Ohnmacht grell zum Ausdruck. Dafür genieren wir uns. Wir möchten etwas tun, wir müßten etwas tun – und wir haben Meinungen und Gesten. Sie, sehr geehrter Salman Rushdie, finden bei jedem von uns Heimstatt, wenn Sie das brauchen. Ich biete Ihnen jederzeit Unterkunft an bei mir. Sie sind herzlich willkommen.

Solange Sie bedroht sind, müssen wir aber auch unsere einzige Kraft für Sie mobilisieren: Öffentlichkeit. Dieser Kraft war bis jetzt noch kein Fundamentalismus gewachsen. Nicht in Rom und nicht in Moskau.

Der 14. Februar soll der Fatwa-Tag sein. Und das Wort Fatwa soll seine bessere Herkunft einbüßen und soll das heißen, wozu es vor drei Jahren gemacht wurde: Terrorurteil. Und die fundamentalistischen Terroristen sollen sich gespiegelt sehen in einer Weltöffentlichkeit, die weit über Schriftsteller hinausreicht.

Sie werden diesen Prozeß gewinnen, sehr geehrter Salman Rushdie, so wie die Dissidenten in Osteuropa gegen die Orthodoxie des Marxismus gewonnen haben. Wir sind auf Ihrer Seite: hilfsbereit, ohnmächtig, zuversichtlich.

Mit herzlichen Grüßen,

Ihr *Martin Walser*

14.2.1992

Andrzej Szczypiorski:
Mein geliebtes Taschenmesser

Verehrter Herr Rushdie, teurer Kollege,

vor drei Jahren, Anfang 1989, erlebte ich einen erhebenden Augenblick. In Wien wurde mir der österreichische Staatspreis für europäische Literatur überreicht. Kaum einige Monate zuvor – nach einigen Jahren erzwungenen Schweigens – erschien ich erneut als Schriftsteller für die Leser im eigenen Vaterland. Aber weiterhin blieb ich in Polen ein der Macht sehr unbequemer Bürger. Mit Mühe erhielt ich den Paß zur Ausreise nach Wien. Die offiziellen polnischen Repräsentanten nahmen an der feierlichen Preisübergabe nicht teil, um damit zu demonstrieren, daß die Regierung in Warschau mit der Entscheidung der Republik Österreich nicht einverstanden war.

Warum schreibe ich Ihnen davon? Vielleicht, um mit aller Kraft zu unterstreichen, daß jedwede Art politischer Verfolgung im Grunde keinerlei Einfluß auf den Verlauf des kulturellen Geschehens hat. Einen Schriftsteller kann man nicht mundtot machen oder ihn gegen seinen Willen zu Willfährigkeit gegenüber der politischen Macht zwingen. Sie beweisen das seit einigen Jahren im Kampf um die Wahrheit und die Verteidigung von Freiheit und menschlicher Würde. Sie sind weder vereinsamt noch vereinzelt, obwohl ich mir darüber im klaren bin, daß Ihr Schicksal schwierig und voller Bedrohungen ist.

Als ich in Wien meinen Dank für die ehrenvolle Auszeichnung vortrug, war ich ein freier Mensch. Der Lauf der Dinge stellte mein normales Leben wieder her. Aber ich machte mir bewußt, daß diese Freiheit keineswegs für andere Schriftsteller galt. Ich erwähnte damals die Namen zweier Autoren, deren Schicksal mir besonders schmerzhaft erschien. Damals sagte ich: »Es ist die Aufgabe unserer europäischen Würde, um das Leben von Salman Rushdie und die Freiheit von Vaclav Havel zu kämpfen.«

Ich erdreistete mich nicht, mein Schicksal mit Ihrem schweren

Los oder mit demjenigen, dem Vaclav Havel jahrzehntelang ausgesetzt war, zu vergleichen. Als Schriftsteller war ich kaum einige Monate interniert, und das unter wenig dramatischen Bedingungen – sowohl in der Gefängniszelle als auch im Internierungslager. Es fällt schwer, überhaupt daran zu erinnern, wenn von den Gefängniserfahrungen Havels die Rede ist, und wohl noch schwerer, wenn es um das Ausmaß der Bedrohungen geht, die Ihre Existenz seit Jahren wie ein Alptraum begleiten. Wenn ich trotzdem an mein eigenes Los erinnere, dann um Ihnen zu zeigen, daß ich gut weiß, was Unterdrückung und Nötigung des Schriftstellers, Verfolgung des Bürgers bedeuten. Auch weiß ich, wie leidvoll ein Leben in der Konspiration ist und wieviel Widerstandskraft der viele Jahre andauernde Kampf verlangt. Zum Glück ist dieses Wissen unter der überwältigenden Mehrheit der europäischen und amerikanischen Schriftsteller nicht allgemein verbreitet, denn das Schicksal hat ihnen persönliche Erfahrungen mit einer totalitären Macht erspart. In diesem Sinne sind Sie mir sehr nahe, und ich empfinde für Sie besondere Solidarität, obwohl ich bisher – das muß ich offen zugeben – Ihr berühmtes exkommuniziertes Buch nicht gelesen habe. Vor kaum einigen Monaten erschienen Fragmente Ihrer *Satanischen Verse* in polnischer Übersetzung. Vielleicht klingt es paradox, aber ich glaube, daß ebendiese Tatsache (daß ich Ihre Verse nicht gelesen habe) meine Solidarität mit Ihnen noch überzeugender, offensichtlicher und unbedingter macht.

Schließlich ist es überhaupt nicht wesentlich, was Sie in Ihren *Satanischen Versen* geschrieben oder nicht geschrieben haben, was Sie in Ihrem literarischen Werk ausgesagt und über was Sie geschwiegen haben, womit Sie sich auf diesen Seiten identifiziert und was Sie zurückgewiesen haben. Sie schrieben einfach das, was Sie schreiben wollten, das, was Sie von Ihrem Standpunkt aus als wichtig erkannten. Auf den Blättern dieses Buches veröffentlichten Sie Ihre Auffassungen, Ihre Wahrheit, Ihre Sicht der Dinge. Ebendarin besteht Schriftstellerei. Schriftstellerei ist im Unterschied z. B. zu Rechtsvorschriften nicht verpflichtend. Niemand hat die Verpflichtung, Ihre Bücher zu lesen. Wenn Sie bestimmten Leuten nicht gefallen, so müssen diese das, was Sie geschrieben haben, keineswegs lesen. Sie können etwas ganz anderes lesen oder auch überhaupt nichts. Davon stirbt man nicht. Man kann lange leben, ohne ein einziges Buch, eine einzige Zeitung oder Reklame, ja sogar ohne ein einziges Gebet zu lesen; davon bekommt der Mensch nicht einmal einen Katarrh. Also die Lektüre Ihres Werkes ist für den Leser eine Sache vollkommen freier Wahl. Und selbstverständlich kann man ein Narr sein, wenn man es will, denn die Literatur ist großmütig. Weder Sie noch ich beabsichtigen, jemanden dazu zu überreden, unsere Bücher zu lesen. Vielleicht sind diese Bücher es gar nicht wert, vielleicht lohnt es nicht, sie zu lesen. Wer weiß das schließlich heute mit vollständiger Sicherheit. Jedenfalls gibt es Leute auf der Welt, die die verschiedensten Bücher lesen wollen, bessere oder schlechtere oder gar solche, die andere für Blasphemie halten. Also, die Menschen haben das Recht zu lesen, was ihnen gefällt, genauso wie Sie und ich das Recht haben zu schreiben, was uns gefällt.

Ich äußere Selbstverständlichkeiten, treffe fast beschämend banale Feststellungen, und doch stellt Ihr Schicksal unter Beweis, daß man nach wie vor um solche Selbstverständlichkeiten, um die gewöhnlichsten Banalitäten, aus denen nun einmal die gewöhnlichste menschliche Freiheit besteht, kämpfen muß. Teurer Herr Rushdie. Gerade das ist tragisch, daß Ihre Sache am Ende des 20. Jahrhunderts ein Problem aufwirft, das – so könnte es einem naiven Träumer aus alten Zeiten scheinen – bereits unsere Vorfahren gelöst haben. Also – sie haben es nicht gelöst. Ich denke hier an die elementaren menschlichen Rechte und Freiheiten, wie das Recht auf die Äußerung der eigenen Auffassungen, das Recht, seinem eigenen Gewissen zu folgen, das Recht auf Wahl der Weltanschauung und eines solchen Lebensstils, der dem Menschen am meisten zusagt und den er wünscht. Ihre Sache beweist, daß der Totalitarismus noch keineswegs am Ende ist. Jahrzehntelang mußte ich mich gegenüber dem Totalitarismus verschiedenster Färbung verteidigen, der mir das Leben, die Freiheit, die Würde, den Beruf, das Elternhaus nehmen oder etwas noch Schlimmeres erreichen wollte, nämlich mich davon zu überzeugen, daß es gegenüber dem Totalitarismus keinen Rat gebe, man sich ihm unterwerfen und diesem Teufel seine Seele verkaufen müsse. Zum Glück gelang es mir, verschiedenen Versuchen zu trotzen, denn das Leben war recht gnädig mit mir: immer waren um mich herum rechtschaffene und mutige Menschen, die mir zuverlässig Rückhalt gaben – und an meiner Seite eine liebende und geliebte Frau, unerschütterlicher und mutiger als ich.

Sie, teurer Herr Rushdie, haben einen großen Teil der Menschheit hinter sich, der immer deutlicher versteht, daß der Anschlag auf Ihr Recht auch ein Anschlag auf ihr eigenes Recht ist. Persönlich nehme ich den Begriff Menschheit nicht gern über Gebühr in Anspruch, denn wenn von der Menschheit zuviel, dann ist vom Menschen zuwenig die Rede. Deshalb möchte ich, daß die Diskussion zum Thema Ihrer Lage nicht zu einer Diskussion über die allgemeine Lage der Menschheit wird, sondern vor allem eine über Ihr Schicksal. Jedoch meine ich, es ist etwas zu wenig, Ihnen Solidaritätsbriefe zu schreiben. Persönlich kann ich leider nicht mehr bewirken, denn ich habe nicht nur keine schweren Geschütze, sondern in der vergangenen Woche verlor ich auch noch mein geliebtes Taschenmesser. Als Schriftsteller kann ich nur meine Stimme erheben, damit die Totalitären aus Teheran Ihnen endlich Ihre heilige Ruhe geben. Wie Sie schon wissen, erlebte ich den braunen und den roten Totalitarismus, jetzt habe ich dank Ihrer Sache zur Vervollständigung auch noch mit dem grünen Probleme. Grün, das ist in meinem Land eine Farbe, die die Hoffnung symbolisiert. Ich habe also die Hoffnung, daß das Problem mit Teheran nicht nur eine Sache Ihres Schicksals ist oder eine der Post, die Solidaritätsbriefe von Dutzenden von Schriftstellern zustellt, sondern daß es zu einem politischen Problem aller demokratischen Regierungen und Gesellschaften wird. Hier handelt es sich – meine ich – um eine moralische Verpflichtung aller Europäer. Schließlich ereigneten sich mit den Büchern sehr schlechte Dinge. Ich war ein Junge, als auf den Straßen deutscher Städte Bücher von Autoren verbrannt wurden, die einem bestimmten Hinkebein namens Goebbels nicht gefielen. Einige Jahre später begann man, Menschen in Öfen zu verbrennen. Ich war dabei. Ich habe das mit eigenen

Augen gesehen. Ebendeshalb meine ich, daß Ihre Sache zu einer Frage der Würde für alle Europäer wird.

Ich grüße Sie, Herr Rushdie, sehr herzlich.

Andrzej Szczypiorski

14.2.1992

Joachim Walther:
Auf Flußsand gebaut

Lieber Salman Rushdie,

Hans Magnus Enzensberger meinte, einen Mordaufruf mit öffentlicher ausgelobter Kopfprämie wie den gegen Sie hätte es selbst bei den Nazis nicht gegeben. Doch, es hat, und es blieb nicht bei der Drohung.

Am 30. August 1933 wurde im tschechischen Exil dem deutschen Philosophen und Schriftsteller Theodor Lessing, auf dessen Kopf die Nationalsozialisten eine Prämie von 80000 Reichsmark ausgesetzt hatten, in seinem Arbeitszimmer zweimal in den Kopf geschossen. Wenige Tage vorher hatte er in dem Feuilleton *Mein Kopf* geschrieben: »Mein Gott! Was habe ich ein langes Leben über meinen Kopf hören müssen. Auf der Schule hieß es, er sei kein Lernkopf. Auf der Universität, er sei ein Wirrkopf. Die Kollegen sagten, er sei ein Querkopf. Ein Kritiker schrieb, er sei kein politischer Kopf. Ein anderer: kein historischer Kopf. Wieder andere: meinem Kopfe fehlten gewisse Organe. Das Organ für Metaphysik. Für den Mythos. Für das Kosmische. Für Mathematik. Kurz: Alles an meinem Kopf war negativ. Ich zerbrach mir den Kopf und verdiente nichts damit. Und nun 80000 Reichsmark! Und dies Glück haben andere mit meinem Kopf. Nie hätte ich für möglich gehalten, daß mit meinem Kopf so viel zu verdienen wäre.«

Galgenhumor des Opfers. Die Mörder, zwei gläubige und, nebenbei, geldbedürftige Mitläufer, der eine Chauffeur, der andere Forstarbeiter, erhielten statt der erwarteten Summe zwar nur 50 Reichsmark, doch dafür neue Namen. Sie überlebten Auftraggeber und Krieg. Der Forstarbeiter wohnte später in der Bundesrepublik Deutschland, der Chauffeur bis zu seinem natürlichen Ende in der DDR: deutsch-deutsche Gemeinsamkeit auch hier, unteilbare Geschichte. Die Auftraggeber Hitler, Goebbels, Röhm feierten ihren Sieg auf dem Nürnberger Parteitag, und der

Beifall der Brülldeutschen brandete die Mördertribüne hinauf. Makabrer als dieser Jubel ist, was Thomas Mann, den Lessing einst eine »Goldschnittseele« genannt hatte, damals in sein Tagebuch schrieb: »Mir graust vor einem solchen Ende, nicht weil es das Ende, sondern weil es so elend ist und einem Lessing anstehen mag, aber nicht mir.«

Was aber hatte denn Lessing Unverzeihliches begangen? Sich zwischen alle Stühle zu setzen. Niemandes Parteigänger zu sein. Und mit seiner Philosophie der Tat, die er, um Brot kaufen zu können, in »hundert Feuilletons zerschnitt«, so ziemlich alle politisierten Geister zu reizen. Lessing, der deutsche Jude, der Kritisches auch zu den Juden schrieb und deshalb von der Spezies ohne Nachwuchsprobleme weltweit, die differenziert Geschriebenes nicht differenziert zu lesen vermögen, des jüdischen Antisemitismus geziehen ward. Lessing, der die Geschichte eine Mythe nannte und die großmächtig in ihr Agierenden Illusionsfassaden, der früh genug den Nationalsozialismus einen Fasel-Trank nannte und Hitler, den er überdies in einer Satire als Tarzan auftreten ließ, einen völlig leeren Nullpunkt, der aber, wie der Mittelpunkt jedes Orkans, auf Sturm deute. Satire aber wird in Diktaturen zum Sakrileg. Reichspräsident Hindenburg beschrieb er vor dessen Wahl als ein Zero, hinter dem, so lehre es die Geschichte, immer ein künftiger Nero verborgen stehe. Lessing lupfte ein Geheimnis der Macht, das da heißt, die Politik zu ästhetisieren, mit einem großen Aufgebot an Symbolen und Fahnen, Ikonen und Idolen, Phantasmen und Allegorien alle Mächte zu fördern, die das Nachdenken entweder hemmen oder betäuben, und einen Rausch des Blutes zu erzeugen mit Fahnen der Volkheit, Glockenliedern des Glaubens und Orgien der Romantik. In einem Brief kurz vor seinem Ende schreibt er: »...die Gewalt spürt insgeheim, daß sie auf Flußsand gebaut hat, und hinter allen ihren Reden, allen ihren Schreckenstaten steht die Angst vor der Zukunft.«

Damals die Endlöser des Dritten Reiches in Deutschland, heute die Religionsfanatiker des Gottesstaates im Iran? Sind beide tatsächlich von gleich extrem eindimensionaler Denkungsart, deren gruslige Globalphantasie über Leichen geht? Unserem glorreichen 20. Jahrhundert wird ohnehin das Verdienst bleiben, das Panoptikum der Politverbrecher bedeutend bereichert zu haben: Stalin, Hitler, Pol Pot, um nur einige der Wahnfiguren zu nennen. Verwandte sie alle, Brüder im Ungeist, zum Verwechseln ähnlich von Statur, nur verschiedenfarbig bemalt: rot, braun oder schwarz. Soll nun das geachtete Grün des Islams diese geächtete Pandora-Palette bereichern?

Ich schreibe Ihnen aus Ostberlin. Wir Ostdeutschen sind, hoffe ich, aus Erfahrung sensibel für die ewigen Simplifikateure, welche die Vielfalt des Lebens über ihren ideologisch-religiösen Einheitsleisten ziehen wollen. Wäre deren Weltbild nur öde, genügte ein Gähnen, wäre es machtlos, genügte Gelächter, da es aber tödlich ist und tötet, braucht es öffentliches Widerstehen und die Verbundenheit der Andersdenkenden.

Nicht zufällig schreibe ich derzeit an einem Hörspiel zu Theodor Lessing. Ich habe mir erlaubt, es Ihnen, lieber Salman Rushdie, zu widmen.

Mit solidarischen Grüßen

Ihr *Joachim Walther*

14.2.1992

Arnold Wesker:
Alptraum nach Escher

Mein lieber Salman,

man hat uns aufgefordert, Dir zu schreiben. Ich wette, die meisten von uns sind sprachlos. Mein Haus gehört Dir, meine Zeit gehört Dir, meine solidarische Empörung, aber was bleibt sonst noch zu sagen über Deinen an Escher erinnernden Alptraum, in dem die Geometrie von Argument und Trost keinen Sinn ergibt. Wir verlieren unsere Richtung, gehen Stufen hinauf, die auf unseren Köpfen stehen, kommen an, wo wir losgingen.

Lieber würde ich Dich treffen und mit Dir über die Themen reden, über die wir bei unserer letzten Begegnung sprachen. Erinnerst Du Dich? Du behauptetest, in der Welt der Wissenschaft sei eine Phantasie am Werk, der in der Welt der Literatur kaum etwas gleichkomme. Ich glaube nicht, daß ich dem zustimme. Ich teile Dein Erstaunen über die Wissenschaft, aber auf gewisse Weise ist an unserer Erregung etwas zu leicht, weil das Wesen der Wissenschaft jeder neuen Entdeckung einen verblüffenden Reiz verleiht. Wie war es, zum erstenmal das Rad zu benutzen oder mit dem ersten Fernrohr in die Sterne zu sehen? Jane Austen, die Brontës, George Elliot standen nicht wirklich im Schatten der Elektrizität oder des Verbrennungsmotors. So verblüffend Hawkings Suche nach der einen, alles erklärenden Gleichung sein mag, sie wird mich nicht dazu bringen, mich enttäuscht von Philip Roths *Counterlife* oder Deinen *Satanischen Versen* abzuwenden. Dennoch war ich dankbar, als Du mir in jenem Gespräch von Gleicks Buch über die neue Wissenschaft vom »Chaos« erzähltest. Sein Inhalt spielt eine Rolle in einem meiner letzten Stücke.

Über so etwas, scheint mir, muß ich Dir schreiben: über alltägliche Dinge, als sei in Deiner Welt alles im Lot. Meine Antwort auf Deine Feinde, deren Wahnsinn Deine Vernunft für kriminell erklärt, besteht darin, auf Deiner Normalität zu beharren.

Alle anderen Reaktionen sind bekannt! Die Plädoyers für das Recht auf Dissens sind vorgetragen, die Wut ist zum Ausdruck gekommen, die Drohungen sind erfolgt, die unüberbrückbaren Trennlinien erkannt. Was bleibt, ist Dich zu behandeln, als gingest Du normal durch die Welt. Gehen, kommen, uns daheim umarmen lassen – das ist die einzige Antwort, die wir jenen Kriegern eines Gottes, den sie nicht verstehen, erteilen können.

Das ist nicht befriedigend? Zu viel Wichtiges bleibt ungesagt. Und so kehren wir, wie bei Escher, zu unserem Anfang zurück: Was genau bleibt ungesagt? Daß diese Krieger an den irreligiösen Rändern der Religion uns – und ganz besonders Dich Armen-Unschuldigen-der-die-Menschheit-für-vernünftig-hält – bei den Eiern haben? Das ist bekannt. Daß die Fatwa uns zutiefst in einem Winkel unserer Existenz verletzt, der von schlafenden Kindheitsängsten namens Gewißheit, Bigotterie und Irrationalität terrorisiert wird? Das ist bekannt. Daß Du verzweifelt bist und unsere moralische Unterstützung brauchst? Das ist bekannt. Wut und Mitleid sind umsonst.

Das ist unser Problem – es gibt keinen Raum, keinen Zweck für eine weitere Diskussion. Alles ist bekannt. Seit Adam hat die Menschheit ihre Eiferer hervorgebracht, die nicht nur behaupten, sie besäßen die Wahrheit, sondern sich bis zum Mord bedroht fühlen, wenn ihrer Wahrheit widersprochen wird. Man kann sie nicht besänftigen, denn nicht ihr Glaube steht in Frage, sondern ihre Raison d'être. Wer nicht ihrer Meinung ist, so glauben sie, wünsche ihnen den Tod. Wer kann mit solchen Menschen diskutieren? Deshalb fühlen wir uns sprachlos. Und hilflos. Und nichtig.

In dem Stück, das ich oben erwähnte, in dem das Chaos eine Rolle spielt, wird der Premier einer Schattenregierung im Fernsehen interviewt. Hier ist seine Antwort auf eine der Fragen des Interviewers:

»Ich bin sicher, die drei wichtigsten Fragen des 21. Jahrhunderts werden die Armut der Welt, die Umwelt und ein Konflikt zwischen Gläubigen und Ungläubigen sein …«

Nehmen wir das Problem des Konflikts zwischen religiösem Fanatismus und religiöser Toleranz. Voltaire glaubte, es sei vor

250 Jahren gelöst worden, als das Zeitalter der Vernunft über Europa dämmerte, aber Vernunft und Toleranz erblühten nicht an einem Tag wie der Frühling. Warum? Wir müssen die geistigen Bakterien erkennen, die Bigotterie verursachen. Oder wollen wir religiöse Staaten einfach mit einer Art beschwichtigender, Ruhig-ruhig-wir-lieben-dich-Diplomatie besänftigen? Ist Erziehung die Antwort auf den Fanatismus? Oder müssen wir dafür sorgen, daß wir uns gegen heilige Kriege militärisch gut verteidigen können?

Hier haben sie eine Formulierung, die meiner Ansicht nach als Poster gedruckt und überall an die Wände geklebt werden sollte:

»Meine Achtung vor Deiner Freiheit, zu leben und zu beten und zu glauben, wie Du willst, bedeutet nicht, daß ich respektieren muß, was Du glaubst, wie Du lebst oder den Inhalt Deiner Gebete.«

Halte Dich warm, bleibe ruhig, kreativ und zuversichtlich, im Wissen, daß die meisten der besten und gütigsten Köpfe hinter Dir stehen – obwohl Dir sicherlich lieber wäre, sie stünden vor Dir! Ich weiß, Du hast nicht darum gebeten, in den Brennpunkt einer der ernsthaftesten Konflikte zu geraten, die unsere Zeit zerreißen, aber so ist es nun – Du hast Geschichte gemacht, die ihrerseits Dich macht. Den Islam gibt es immer. Ich hoffe, daß Deine Arbeit den Weisesten des Islams den Mut gegeben hat, gegen seine mächtigen Vereinfacher aufzustehen.

Ich schicke Dir, den ich als einen Helden unserer Zeit betrachte, meine Liebe und meine Achtung –

Arnold

14.2.1992

Ilse Aichinger:
Wissen lernen

Ich weiß wie Sie, lieber Salman Rushdie, daß Redefreiheit Leben ist. Ich weiß es, und ich habe es wissen gelernt. Wissen ohne Wissen gelernt zu haben, ist zuweilen gefährlich. Die Gewißheit, sich in eine Situation versetzen zu können, in die man nicht geraten ist, führt zu Fehlschlüssen. Jeanne d'Arc, die heute vermutlich in eine Nervenklinik eingewiesen würde, zumindest fürs erste, taugt nicht so recht für klassische Stücke. Auch das Stück, das mit Ihnen, Salman Rushdie, als zur Hauptfigur Verurteilten, augenblicklich gegeben wird, ist für das Burgtheater nicht geeignet.

Die Lastwagen, die vor 50 Jahren Richtung Auschwitz oder Minsk über die Schwedenbrücke fuhren – in einem davon sah ich meine Großmutter zum letzten Mal –, waren für viele in Wien durchaus ein Schauspiel, dem man gleichgültig, wenn nicht beifällig zuschaute, nicht gerade wie einem Nestroy, aber auch nicht wie einem Samuel Beckett, der das Entsetzen teilt.

Salman Rushdie hat Angst. Es fehlt ihm der Todesmut, der von ihm verlangt wird. Seine Häscher glauben ihn zu haben.

U-Boot nannte man im Krieg diejenigen, die untertauchen mußten, um der Folter und einem grausamen Tod zu entgehen. Es waren sehr wenige, und die gehörten nicht zu den Glücklichen, sofern sie nicht angezeigt und gefunden wurden. Es ist kein schlechter Vergleich. Auch die Möglichkeit, aus einem Unterseeboot nie mehr auftauchen zu können, die unerschöpflichen Variationen der Angst, die sie begleiten, bleibt für die Norm unvorstellbar.

Aus dem Wort Norm wird im heutigen Sprachgebrauch normal hergeleitet. Und »normal« bedeutet in diesem Sprachgebrauch, sich anzupassen, sich in fremde Qualen nicht hineinzumischen, fremde Angst nicht zu teilen. Jeder von uns sollte auf der Hut sein, und den Fall Salman Rushdie sollte jeder mit genügend Angst vor sich selbst bedenken. Denn wir sind nicht Salman Rushdies Kollegen. Wir sind Salman Rushdie.

Ilse Aichinger

14.2.1992

Norman Mailer: *Umarmung der Musen*

Lieber Salman Rushdie,

in den letzten Jahren habe ich oft an Sie gedacht. Viele von uns haben mit einer inneren Kühnheit zu schreiben begonnen: als ob wir, wenn wir nur unentwegt nach der gefährlichsten unserer inneren Stimmen suchen, irgendwann, früher oder später, etwas Fundamentales in dieser Welt beleidigen, hohnsprechen würden, und unser Leben wäre in Gefahr. So dachte ich, als ich zu schreiben anfing, und so dachten viele andere – aber Sie sind der einzige von uns, der schließlich den Beweis dafür gab, daß diese Vermutung nicht unbegründet war. – Nun leben Sie in einem lebendigen Gefängnis unterdrückter Paranoia, das die äußerste Willensanstrengung erforderlich macht, selbst wenn Ihre poetische Kraft Schaden nimmt. Die Rolle eines lebenden Märtyrers ist nicht glücklich für einen ernsthaften und begabten Schriftsteller. Das kann niemand brauchen. Es ist schwer genug, das Beste aus sich herauszuholen, auch wenn man nicht, jeden Tag neu, hundert Pfund Gewicht auf dem Buckel hat – aber Sie sind in dieser Situation.

Wenn ich glauben würde, daß das Beten hilft, würde ich Ihnen gern irgendeine Art von Kraft oder Ermutigung übermitteln, denn wenn Sie diese Situation transzendieren können (schwieriger als jede andere, die wir kennen), wenn Sie ein neues literarisches Werk schreiben können – dann werden Sie uns alle verjüngen, und die Literatur wird, in diesem Maße, bereichert.

So – die besten Wünsche an Sie, alter Freund, wo immer Sie sich befinden, und mögen die Musen Sie umarmen.

Cheers,

Norman Mailer

14.2.1992

Mario Vargas Llosa: *Sehr dünnes Häutchen*

An jenem Nachmittag gingen wir zum Fußball, verirrten uns und landeten schließlich auf einer Tribüne voller Fußballfans mit bemalten Gesichtern, die etwas Ähnliches wie *La cucaracha* sangen, daß den Polizisten die Helme hochgingen. Wer hätte uns damals gesagt, daß Du wenige Zeit später das berühmteste zeitgenössische Opfer der extremen Gewalt – des religiösen Fanatismus – sein würdest!

Ich habe Dir sicher damals oder bei einer anderen Gelegenheit die Geschichte meines Kollegen am King's College erzählt, mit dem ich manchmal beim Mittagessen in einem Pub am Strand* zusammentraf. Er war ein sehr belesener, beredter und dem Anschein nach zivilisierter Mensch. Bis ich ihn eines Tages hörte, wie er im Brustton der Überzeugung und im Namen von Tradition und Kultur – dieser äußerst gefährlichen Sache, die »Identität« eines Volkes genannt wird – die Beschneidung der Klitoris bei Mädchen verteidigte, die ihre zukünftige Enthaltsamkeit gewährleisten soll.

Eines ist gewiß in diesen Zeiten historischer Wirbelstürme, die alles dem Boden gleichmachen: Die Zivilisation ist ein sehr dünnes Häutchen, das beim ersten Zusammenstoß mit den Glaubensdämonen kaputtgehen kann und beim ersten Angriff der sozialen Ungerechtigkeit zu zerreißen droht. Diese Dämone werden gerade überall losgelassen: im Iran, wo die Fatwa gegen Dich erlassen wurde, aber auch in dem Land, aus dem ich komme, wo andere Fanatiker sich vorgenommen haben, die universelle Glückseligkeit mit Terror zu schaffen, und sogar in Europa, wo in letzter Zeit doch so viele außergewöhnliche Dinge geschehen sind, die als ein Sieg der Besonnenheit und Rationali-

* Straße in London (A. d. Ü.)

tät über die Lüge und das Dogma interpretiert werden könnten. Es hat nicht sollen sein. Und Du lebst in Deinem Versteck auf der Flucht vor dem Haß der Meute, um jede Illusion zu zerstören und um uns daran zu erinnern, daß die Schlacht nicht gewonnen ist und auch niemals gewonnen sein wird.

In Deutschland, das dank eines phantastischen anarchistischen Umsturzes der Ostdeutschen demokratisch wiedervereinigt wurde, treiben jetzt Gruppen von wilden Glatzköpfen ihr Unwesen, machen Jagd auf Türken und stimmen die alten rassistischen Refrains an. In Frankreich – dem Land der Menschenrechte – nähern sich angesehene Politiker der Linken und der Rechten den Thesen der »Front National« an – Fremdenfeindlichkeit und Hurra-Patriotismus bringen heutzutage anscheinend Wählerstimmen. In Irland und Spanien morden andere »Patrioten« mit Dynamit unschuldige Bürger, um abstrakte Beweise zu erbringen. In den Ländern, wo die Kultur der Toleranz, der Pluralismus und die Freiheit am stärksten verwurzelt zu sein scheinen, für deren Nachahmung in den letzten Jahren Abermillionen von Menschen im Osten mit so viel Hoffnung gestimmt hatten, werden täglich neue Symptome des begraben geglaubten alten Kirchturmdenkens sichtbar.

Die »Rückkehr zum Volksstamm«, zum Privaten, das hartnäckige Bestehen auf die eigene Kultur, die Glaubensbekenntnisse und Bräuche, das Verschließen der Augen und Ohren gegenüber den anderen ist eine nicht ungewöhnliche Reaktion auf den schnellen Prozeß der Internationalisierung des Lebens, den die Welt, und der Westen insbesondere, erlebt. Es ist eine defensive Bewegung gegenüber dem Unbekannten und den großartigen Herausforderungen, die Perspektiven schaffen für einen Planeten, auf dem die Entwicklung der Freiheiten die Grenzen aufgelöst hat und diese immer künstlicher und überflüssiger werden läßt. Wenn dieser Prozeß aber scheitert an den rückschrittlichen Kräften, die sich ihm widersetzen und die dieser selbst geweckt hat, wird die Menschheit erneut einen jämmerlichen Schritt zurück gemacht haben, und das zu einer Zeit, als die Menschheit besser als jemals zuvor ausgerüstet zu sein schien für die Bändigung ihrer Dämone.

Wir dürfen nicht zulassen, daß die Verfolgung, deren Opfer Du bist, komplizenhaft totgeschwiegen wird und daß die öffentliche Meinung sich an das, was mit Dir geschieht, gewöhnt. Wir Schriftsteller haben die Pflicht, die Empörung und den Protest aus moralischen und auch praktischen Gründen aufrechtzuerhalten. Denn die Literatur könnte in einer Welt, in der ein Schriftsteller erpreßt und totgeschwiegen wird, nicht existieren. Wir müssen daran erinnern, daß es sich um eine unerträgliche Ungerechtigkeit handelt, gegen die sich die Regierungen und die öffentliche Meinung so lange einsetzen müssen, bis sie beendet ist. Selten wird die meist unscharfe und zickzackförmige Linie, die das Rationale vom Irrationalen, die Gerechtigkeit von der Ungerechtigkeit, die Barbarei von der Zivilisation trennt, so deutlich sichtbar wie in dem Fall, den Du verkörpern mußt.

Lieber Salman, wir werden wieder gemeinsam zum Fußball gehen und lernen, *La cucaracha* zu singen.

Mario Vargas Llosa
Berlin, 7. Februar 1992

14.2.1992

Dragan Velikić: *Wie von blauer Jade*

Es gibt ein chinesisches Märchen, dessen Motive von Marguerite Yourcenar in ihrer Erzählung *Wie sich Wang-Fo rettete* benutzt werden. Die Hauptfigur, der Maler Wang-Fo, führte im großen Kaiserreich ein Wanderleben und lebte von seinen Bildern, die er gegen Nahrung eintauschte. Doch eines Tages wurde er, während er schlief, von Soldaten gefangengenommen und vor den Kaiser geführt. Auf dem Thron saß ein Jüngling, der dem alten Maler drohte, er werde ihn blenden lassen, denn die Welt, die Wang-Fo auf seinen Leinwänden geschaffen habe, sei nicht jene unvollkommene Welt, in der die Menschen leben müßten. Der junge Kaiser war aber nun in Gemächern aufgewachsen, in denen sein Vater eine große Sammlung von Bildern ebendieses Malers Wang-Fo besaß. Bevor er Wang-Fo für die Lügen, die er durch seine Kunst verbreitet hatte, blenden ließ, befahl der junge Kaiser, eine unfertige Leinwand vor den Maler hinauszutragen. Als Wang-Fo darin sein Jugendwerk erblickte, erkannte er zugleich, daß dies nur der Entwurf einer Szene war: ein Kahn am Ufer, graue Klippen und ein unruhiges Meer. Umstellt von Wachen begann Wang-Fo zu malen. Plötzlich aber stieß er den noch kaum vollendeten Kahn vom Ufer ab und fuhr aufs Meer hinaus, das wie von blauer Jade war. Und bevor noch der verblüffte Kaiser seinen Höflingen befehlen konnte, den Maler zu ergreifen, hatte sich der Kahn in einen winzigen Punkt verwandelt, und Wang-Fo war in der Tiefe seines Bildes verschwunden.

Ist es nicht der Traum eines jeden Künstlers, am Schluß in seinem Werk zu verschwinden?

Drei Jahre sind vergangen, seit der Schriftsteller Salman Rushdie durch ein fanatisches Urteil in den Untergrund getrieben wurde. Der vorgebliche Grund für die Verfolgung sind die *Satanischen Verse*, ein Buch, in dem kein vernünftiger Mensch eine Häresie finden kann. Dennoch, der Pfeil des Hasses ist abgeschnellt, und sein Schatten hinterläßt eine unbegreifliche Spur auf dem Antlitz der Erde. Die Stimme der Vernunft hat mittlerweile an Intensität verloren, es ist zu einer gefährlichen Gewöhnung gekommen, vielleicht sogar zu einem Einverständnis mit dem bestehenden Zustand. Aber jedem muß klar sein, daß Rushdie deshalb als Opfer ausgewählt wurde, weil er ein gutes Anwendungsmuster abgibt. Jene, die ihn verurteilt haben, wollten die Aufmerksamkeit auf sich lenken. Die »Beleidigungen« eines Anonymus hätten niemals den Anlaß zu dem Anathema gegeben.

Es ist indes ein Faktum, daß Salman Rushdie auch weiterhin mit dem Bannfluch belegt ist, daß aber die Stimmen des Protestes immer schwächer werden, daß die Kaskaden der Wut über jene, die Haß predigen, allmählich versiegen und daß die resignierende Erkenntnis um sich greift, wie wenig doch der einzelne ausrichten kann. Vielleicht vermag der einzelne wirklich nicht viel, aber das allermindeste, was er vermag, ist die Weigerung, den jetzigen Zustand hinzunehmen, und das ist bereits keine Hilflosigkeit mehr. Die eigentliche Frage anläßlich des *Falles Rushdie* ist, wie dem verurteilten Schriftsteller helfen? Wie das Risiko mit ihm teilen und so die Drohung auffangen?

In der Landschaft, in der ich aufgewachsen bin, in Istrien, gibt es auf den Feldern kleine fensterlose Bauten, die den Hirten bei Regen als Unterstand dienen. Das sind die *kazuni*, aus gewöhnlichem Feldstein errichtete Hütten mit einem kegelförmigen Dach, das von kleinen Steinplatten gebildet wird, derart, daß der Raum ohne Pfosten und Bögen überbrückt wird, nur durch das unmerkliche Sich-Vorschieben jeder nachfolgenden Steinplatte bis zum Mittelpunkt des *kazun*.

Auch dieser Text will solch ein kleines Sich-Vorschieben sein, um den Abgrund des Hasses zu überbrücken.

Eine ganz andere Frage ist es, wieviel Glaube überhaupt in jemandem sein kann, der einen Schriftsteller zum Tode verurteilt? Ist Gott denn ein Sandsack, den jeder Schurke wie einen Brustschild vor sich herschieben kann? In jedem Fall hat die Drohung, die über Salman Rushdie ausgesprochen wurde, zum Ziel, dem Schriftsteller das Recht zu nehmen, auf den

Demiurgenakt einer Erschaffung der Welt aus Worten. Doch der Schriftsteller ist kein Konkurrent Gottes, er ist nur ein Teil des göttlichen Schöpferwillens, und früher oder später werden die Schurken allein dastehen auf der Lichtung neben ihren Brustschilden, die sie mit göttlichen Namen versehen haben.

Während ich diese Zeilen schreibe, nähren sich die Menschen in meinem Land von Haß. Doch Haß ist, wie Spinoza sagt, nur eine Trauer, von der fälschlicherweise angenommen wird, ihre Ursache läge in der äußeren Welt. Das ist jene Trauer, von der Rushdie in seinem Buch *Harun und der Ozean der Geschichten* schreibt. Dieses Buch ist die wahre »Antwort« auf den Haß, denn der Pfeil, der abgeschnellt ist, ist gegen alle gerichtet, die wie der chinesische Maler Wang-Fo die Welt anders sehen. Märchen sind ein Gemeingut unser aller, ungeachtet des Glaubens oder der Hautfarbe. In dieser Schicht erahnen wir, daß wir derselben *Erzählgeschichte* entstammen. Doch was uns von den übrigen Lebewesen auf diesem Planeten unterscheidet, ist die Fähigkeit zum Sprechen. Und gerade die möchten diejenigen auslöschen, die den Pfeil des Hasses abgeschnellt haben.

Aber wie kann es geschehen, daß der Pfeil sein Ziel nicht findet?

So, daß er in den Ozean der Geschichten stürzt, in ebenjenen Ozean, von dem Rushdie in seinem Buch spricht. Denn als dort der Erzähler Rasid die Gabe des Geschichtenerzählens verloren hat, führt ihn sein Sohn Harun auf den unsichtbaren Erdtrabanten Kahani, dorthin, wo sich der Ozean der Geschichtenströme befindet, die größte Bibliothek des Weltalls. Sie brechen auf aus einer Stadt, die so traurig ist, daß man ihren Namen vergessen hat. Der Ozean der Geschichtenströme ist eine Quelle, an der jeder Geschichtenerzähler seinen Durst löscht. Aber auf dem unsichtbaren Mond Kahani gibt es zwei Zonen: die Welt der Gaps, ganz in der Sonne gelegen, und die Welt der Finsternis, wo die Cupavals leben. Deren Welt ist die Welt der Schatten, dort werden Bücher unter Verschluß gehalten und Zungen abgeschnitten. Die Cupavals haben den Ozean der Geschichtenströme vergiftet. Zum Schluß vermögen die Mächte des Lichts aber doch zu siegen, und die namenlose Stadt »erinnert« sich ihres Namnes. Und der ist Kahani, das heißt: Erzählgeschichte. Folglich ist der einzig mögliche Weg die Rückkehr in die Erzählgeschichte.

Ich schreibe diese Zeilen in einem Land, wo es auf jeder der zerstrittenen Seiten Gaps und Cupavals gibt, getrennt durch eine Zone des Todes, in der Pfeile den Namen Gottes beschwören. Aber können denn Pfeile des Hasses den Namen Gottes tragen? Und was kann ein Künstler tun, der in keiner Kriegsuniform ein für ihn passendes Kleidungsstück sieht? Ich glaube, daß er zumindest etwas tun kann: Er kann seine Geschichte forterzählen und sich so den falschen messianischen Heilsverkündern entgegenstellen. Im übrigen ist jedes künstlerische Werk nur ein Widerspiegeln der Welt, die von Gott geschaffen wurde. In diesem Werk gibt es auch den Kahn, den der Pfeil des Hasses nicht erreicht.

Zum Trost will ich mir einen Satz von Danilo Kiš aufsagen aus seinem Roman *Die Sanduhr*: »Es ist besser, man gehört zu den Verfolgten als zu den Verfolgern.«

Dragan Velikić

19.2.1992

Graham Swift:
Die Literatur feiern

Lieber Salman,

drei Jahre sind vorbei, und wer dich verteidigt hat, mußte lernen, nicht zu häufig von der Sache der Literatur zu sprechen. Denn nicht Literatur ist das Thema; Deine Rechte als Bürger sind das Thema. Als Schriftstellerkollege sollte ich an Deinem Schicksal daher nicht stärker interessiert sein als jeder andere Bürger dieses Landes. Aber als Schriftstellerkollege fällt es mir leichter (wenn auch keineswegs leicht), mir vorzustellen, ich sei in Deiner Lage; als Freund fällt es mir schwerer – es ist unmöglich, Dich in eine bequeme Abstraktion zu verwandeln.

Aufgrund Deiner erzwungenen Isolierung entstanden viele solche abstrakte Salman Rushdies, monströs, zusammengemischt und verzerrt, Beispiele für die Unfähigkeit, sich daran zu erinnern, daß Du schließlich und endlich nur ein Mensch bist. Es war schmerzlich mit anzusehen, wie der Mann, den ich kannte, aus diesem und jenem Interesse bis zur Unkenntlichkeit verwandelt wurde.

Dasselbe gilt für Dein Buch. Das reiche und komplexe Werk, das ich gelesen und wieder gelesen habe, wurde zu einem bloßen Behältnis aufgeschnappter Gedanken, ein Argument, eine Vorstellung, eine Annahme, eine Formel, im schlimmsten Fall nichts als ein Name, dessen bloße Nennung ausreicht, einen Sturm des Vorurteils zu entfesseln. Vielleicht muß man also doch – und sei es nur um der Genauigkeit willen – für die Sache der Literatur eintreten, die sich immer gegen Abstraktionen richtet und immer auf der Seite der Komplexität aus Fleisch und Blut steht.

Vor fast drei Jahren schrieb ich einen Brief an eine englische Zeitung, in der ich die Literatur zum Angelpunkt Deiner Verteidigung machte – ich unterschied sie von Propaganda, von Dogmen und dem Streit von Argumenten und Annahmen. Vielleicht war ich naiv und in jenen frühen Tagen zu hoffnungsvoll; aber das schrieb ich damals, und ich sehe keinen Grund, es zu ändern: »Propaganda ist ein Instrument der Macht; Kunst ist ein Instrument des Lebens. Was immer die *Satanischen Verse* sonst sind oder tun, sie besitzen Leben: Energie, Erfindung, Farbe, Animation, Intelligenz, Humor, Fragen, Zweifel, Leidenschaft, Tempo: Leben. Über das Buch mögen viele streiten, die es nicht gelesen haben; aber wer es gelesen hat, sollte – was immer er sonst darüber denkt – zugeben, daß dieses Buch das atmet, was allen Menschen gemeinsam ist, und erst dann beginnen zu argumentieren. – Es ist leicht, einen Mann, den man nicht kennt, in etwas zu verwandeln, das er nicht ist. Es ist leicht, ein Buch, das man nicht richtig gelesen hat, in etwas zu verwandeln, das es nicht ist. Drei beklagenswerte Jahre sind vergangen, aber in diesem Brief an Dich möchte ich die Literatur feiern und Deinen Beitrag zu ihr ehren. Wie kärglich wäre die Literatur, würden alle Bücher aus ihr verbannt, die einmal Anstoß erregten; würden sie auf ewig den Generationen von Lesern vorenthalten, die ihnen schließlich den Respekt des Menschen vor dem Menschen zollten. Wie arm und gemein wäre eine Welt, die auf solche Weise ordnen und verordnen wollte.

Ich ehre Deinen Mut, ich sende Dir meine Liebe. Neben allem anderen, was ich Dir wünsche, entbiete ich Dir diesen Gruß eines Schriftstellers: Mögest Du viele, viele und mehr und mehr Leser haben.

Graham Swift

18.4.1992

Salman Rushdie:
Der Wille zum Sieg. Eine Antwort auf die »Briefe an Rushdie«

Zuallererst danke ich aus ganzem Herzen all den Schriftstellern, die zu meiner Unterstützung oder Verteidigung offene Briefe schrieben, oder auch zur Verteidigung der größeren Anliegen und Prinzipien, die durch die sogenannte »Affäre Rushdie« aufgeworfen wurden (ach, wenn ich keine »Affäre«, kein »Fall« mehr sein müßte und zu der viel härteren Aufgabe zurückkehren könnte, nichts als ein Schriftsteller zu sein!); und ebenso muß ich der *tageszeitung* und dem Projekt *World Media* für ihre Rolle bei dieser Initiative danken. Ich habe es oft gesagt: Die Vielzahl aktiver und beredter Fürsprecher und darüber hinaus die Millionen schweigender Parteigänger haben mir die Kraft gegeben, mit den Schwierigkeiten der vergangenen drei Jahre fertigzuwerden; und das gilt zur Gänze auch heute noch. Also danke ich Nadine Gordimer für die Frage, ob wir uns in eine Zeit zurückbewegen, in der Verfolgung geduldet wird, wenn sie von der Religion ausgeht, und Kazuo Ishiguro, weil er sich (wie es in den letzten Jahren nur wenige taten) auf jene *Satanischen Verse* konzentrierte, die ich wirklich geschrieben habe, und Paul Theroux, weil er seinem Zorn die Zügel freigab, und Johannes Mario Simmel, der uns daran erinnerte, daß hier die Realitäten großer Geschäfte im Spiel sind, daß Menschenrechte nur allzugern in den Dreck getreten werden, wenn fette Verträge winken, und am herzlichsten vielleicht danke ich Fahimeh Farsaie, weil sie betonte, daß der Angriff gegen mich und meine Arbeit nur ein Gefecht in einem viel größeren Krieg ist.

Wenn zu einem Thema, zu dem schon so viel gesagt wurde, noch etwas gesagt werden muß – dann über diesen größeren Krieg. Fahimeh Farsaie kritisierte in ihrem Artikel, ich hätte mich nicht für andere Schriftsteller eingesetzt, für andere Künstler, die verbannt, eingesperrt, gefoltert und sogar umgebracht wurden. In Wahrheit versuchte ich schon vor Khomeinis Fatwa, so laut als möglich zu sagen, daß in der moslemischen Welt von heute die Gedankenpolizei sehr mächtig geworden ist, und nicht nur in der moslemischen Welt; daß die Versuche zur Einschränkung der Freiheit der Phantasie, der Freiheit des Denkens und der abweichenden Meinung an Kraft zunahmen. Ich habe das immer gesagt, bei fast jeder sich bietenden Gelegenheit, und ich werde das weiter tun.

Der entscheidende Punkt am Fall der *Satanischen Verse* lautet: Weil das Buch in den Mittelpunkt der Aufmerksamkeit geriet, ist es zum Symbol und zum Archetypus für alle anderen Fälle von Unterdrückung geworden. »Blasphemie« und »Ketzerei«, jene mittelalterlichen Hunde des Krieges, wurden von der Leine gelassen – und wir dürfen nicht vergessen, daß »Blasphemie« und »Ketzerei« in der ganzen Menschheitsgeschichte dazu verwendet wurden, den menschlichen Geist, die freie Stimme zu fesseln und mundtot zu machen. Diese Schlacht muß gewonnen werden, die Fatwa und die sie begleitenden Drohungen müssen verschwinden, denn der Sieg wäre ebenso real (sehr angenehm für mich) wie symbolisch –, es wäre ein großer Sieg in diesem größeren Krieg. Und ginge die Schlacht verloren, so wäre das ein Rückschlag in dem größeren Konflikt. Wir müssen gewinnen, weil wir nicht verlieren können; es geht um nicht weniger als um unseren Geist.

»Das besondere Übel an der Unterdrückung einer Meinungsäußerung«, schrieb John Stuart Mill in seinem klassischen Essay *Über die Freiheit*, »besteht darin, daß sie die ganze Menschheit beraubt, die Nachkommen ebenso wie die Zeitgenossen – und alle, die mit dieser Meinung nicht übereinstimmen, werden noch mehr beraubt als jene, die sie vertreten. Denn ist die Meinung richtig, so verlieren sie die Möglichkeit, die Wahrheit gegen den Irrtum einzutauschen; ist sie falsch, verlieren sie fast ebensoviel: die klarere Wahrnehmung und den lebendigeren Eindruck von der Wahrheit, wie sie entstehen, wenn die Wahrheit mit dem Irrtum kontrastiert wird.«

Wegen der Besonderheiten beim Schreiben von Fiktion bedarf es einiger ergänzender Worte zu Mills großem Text. Denn beim

Schreiben von Fiktion ist es normal, daß keine einzelne Meinung durchgehend vertreten wird. In dieser Hinsicht ähnelt der Schaffensprozeß den Abläufen in freien Gesellschaften, die ihrem Wesen nach geteilt, pluralistisch, sogar streitsüchtig sind; es sind Gesellschaften in der Bewegung, und mit der Bewegung kommen Spannungen und Konflikte. Freie Völker schlagen Funken, und diese Funken sind der beste Nachweis der Freiheit. Der Totalitarismus versucht immer, die Gesellschaft aus der Bewegung zum Stillstand zu bringen, ihren Funken auszutreten, die vielen Wahrheiten der Freiheit durch die eine Wahrheit der Macht zu ersetzen.

Im Schaffensprozeß stoßen und schlagen sich im Schriftsteller viele Haltungen, viele Sichtweisen der Welt, und aus diesen Reibungen entsteht der Funke: das Kunstwerk. Diese innere Vielfalt, diese innere Menge zu ertragen, geschweige denn zu erklären, fällt Künstlern häufig schwer. Erinnern wir uns an Diderots inneren Streit zwischen dem atheistischen Rationalismus und seinen eigenen geistigen Bedürfnissen. »Es erbittert mich«, schrieb er, »daß ich in eine teuflische Philosophie verstrickt bin, die mein Geist akzeptieren muß, mein Herz aber ablehnt.« Auch Dostojewski litt daran, daß absoluter Glaube und absoluter Unglaube sich in ihm bekämpften. Und als William Blake bemerkte, daß John Milton in *Paradise Lost* bei der Beschreibung der Hölle viel besser war als bei der des Himmels, stellte er billigend fest, natürlich sei Milton, dieser fromme Genius, ein Dichter von der Partei des Teufels. In jedem Künstler – vielleicht in jeder menschlichen Phantasie – gibt es, um Blake zu variieren, eine Ehe zwischen Himmel und Hölle.

Viele der Schriftsteller, die sich bei dieser Kampagne äußerten, haben es bemerkt: Der »Fall« der *Satanischen Verse* weist im Kern ein erschreckendes Gleichmaß auf. Hier haben wir einen Roman über die Konflikte und Spannungen zwischen – und auch in – den weltlichen und religiösen Sichtweisen der Welt, und in ebendiese Konflikte wurde der Roman hineingezogen. Wie Kurt Vonnegut sagen würde: So kann's gehen.

Und hinter den *Satanischen Versen*, hinter all den Briefen meiner Schriftstellerkollegen, steht unser Wissen: Der Versuch, aus der dicken Suppe menschlicher Erfahrung eine Form zu schaffen, die ständige Umformung der Bedeutung, die dem künstlerischen Prozeß zu eigen ist – all das darf nicht einer Bande von Bütteln überlassen werden, und hätten sie noch so große Schießeisen. Es handelt sich – im tiefsten Grunde, wenn ich ein so fundamentalistisches Wort benutzen darf – um einen Kampf der Willenskraft. Aus den vielen offenen Briefen geht belebend und stärker hervor, welche Art Wille gegen Tyrannei und Verleumdung und Mord gebraucht wird: der Wille zum Sieg.

Die Chronik der »Fatwa«
Das ICDSR über sich selbst

Das »Internationale Komitee zur Verteidigung Salman Rushdies und seiner Verleger« (ICDSR) hat die Aufgabe, das grundsätzliche Recht jedes Individuums zu vertreten, seine oder ihre Überzeugungen und Meinungen in jeder Form frei zu äußern. Es hat weiterhin die Aufgabe, diesem Prinzip in der Öffentlichkeit Geltung zu verschaffen, damit die Weltöffentlichkeit allerorten die Regierungen dazu drängt, die iranischen Behörden unter intensiven diplomatischen Druck zu setzen, die Fatwa gegen Salman Rushdie und alle an der Veröffentlichung der *Satanischen Verse* Beteiligten zu widerrufen und den Kopfpreis auf das Leben des Autors für nichtig zu erklären.

Die Chronologie der Ereignisse um die Veröffentlichung des Romans und die tausend Tage der Fatwa ist eine Chronologie der Empörung – der Empörung zweier gegensätzlicher Parteien, die auf sehr unterschiedliche Weise zum Ausdruck kam. Die Chronologie illustriert traurige und schockierende Abweichungen vom Prinzip des Rechts auf freie Meinungsäußerung, die in ihren Konsequenzen für viele und insbesondere für einen Menschen verhängnisvoll geworden sind.

Die Konsequenzen für den demokratischen Prozeß sind ebenso niederdrückend. Im wesentlichen reduziert sich der Fall der *Satanischen Verse* auf eine einfache und erschreckend klare Entscheidung: Wird das Prinzip der freien Meinungsäußerung von nun an zur Geisel von Gruppen, die sich von den Worten eines Schriftstellers verletzt fühlen, oder kommt es zu entschlossenen Aktionen, um dieses grundsätzliche Anliegen der Demokratie zu verteidigen?

Auf beiden Seiten wurden viele tausend Worte geschrieben; die Argumente für das Recht auf freie Meinungsäußerung wurden im Verlauf von über tausend Tagen immer undeutlicher. Viele Regierungen, die bei der ersten Verkündung der Fatwa im Februar 1989 das Prinzip des Rechts auf freie Meinungsäußerung entschlossen vertraten, haben ihre Positionen langsam, aber unaufhaltsam verändert – nicht immer in Worten, um so deutlicher jedoch in ihrem Handeln.

Am Tage nach der Verkündung der Fatwa faßte die Europäische Gemeinschaft eine Resolution, in der gefordert wurde, die Fatwa zurückzunehmen; die britische Regierung verlieh ihrer Entrüstung vehement Ausdruck und betonte, der Iran habe internationale Normen mißachtet.

Am 20. Februar 1989 gaben die Regierungen der Europäischen Gemeinschaft eine gemeinsame Erklärung heraus und beriefen ihre Botschafter aus Teheran zurück. Die kanadische Regierung bezeichnete die Fatwa als einen fundamentalen Verstoß gegen internationales Recht und internationale Praxis, und am folgenden Tag beschloß die US-Regierung, die Wiederaufnahme normaler diplomatischer und Handelsbeziehungen zum Iran auf unbestimmte Zeit zu verschieben.

Am 3. März jedoch räumten die britische Premierministerin Margaret Thatcher und Außenminister Sir Geoffrey Howe ein, die *Satanischen Verse* könnten für Moslems beleidigend sein, und am 21. März veröffentlichte die Europäische Gemeinschaft eine Erklärung, wonach den Mitgliedsländern freigestellt wurde, ihre Botschafter erneut in den Iran zu entsenden. Zum letzten Mal verurteilte die britische Regierung die Fatwa öffentlich am 9. Februar 1990; am 27. September 1990 nahm sie die diplomatischen Beziehungen zum Iran wieder auf – unter der Voraussetzung, der Iran werde internationales Recht respektieren. Seitdem hat die britische Regierung – ebenso wie andere – entschlossen geschwiegen, als Mitglieder der iranischen Regierung die Fatwa bekräftigten und das Kopfgeld auf das Leben des Autors verdoppelt wurde.

Der 8. September 1990 markierte ein schockierendes Datum in den tausend Tagen der Fatwa: Durch einen Artikel des ehemaligen Vorsitzenden der britischen konservativen Partei, Norman Tebbit, in dem britischen Magazin *Independent* veränderten sich grundsätzlich die Voraussetzungen, die bisher für den Fall Rushdie gegolten hatten. Von nun an schien es, als ginge es nicht länger um das Recht auf freie Meinungsäußerung, sondern um die Frage, ob und wann ein Individuum überhaupt berechtigt sei, seine Meinung zum Ausdruck zu bringen. Laut Norman Tebbit schuldete Salman Rushdie der britischen Öffentlichkeit Respekt und Dankbarkeit, weil sie ihn als Ausländer aufgenommen habe; und weil er die *Satanischen Verse* geschrieben und damit unter anderem auch britische Moslems beleidigt habe, habe er die Großzügigkeit der britischen Regierung verraten.

Danach wurde Salman Rushdie für zahlreiche Journalisten zum Freiwild: Es erschienen Artikel darüber, welche Kosten den Steuerzahlern aus den Maßnahmen für die Sicherheit des Autors erwüchsen, und es häuften sich die Forderungen, er solle nicht nur die Taschenbuchausgabe seines Werkes auf unbestimmte Zeit verschieben, sondern sich auch bereit erklären, die gebundene Ausgabe der *Satanischen Verse* vom Markt zu nehmen. Inzwischen hatte Dr. Kalim Siddiqi, der Führer einer kleinen Minderheit britischer Moslems, die Fatwa offiziell gebilligt, andere dazu aufgerufen, sich dem anzuschließen, schließlich aber seine Position immer wieder verändert. Dr. Siddiqis letzte Äußerung zur Fatwa vom 28. Oktober 1991 lautet, die Angelegenheit sei nun »endgültig abgeschlossen«.

Am 17. Februar 1989 sagte der iranische Präsident Khomeini, wenn Salman Rushdie bereue, daß er die *Satanischen Verse* geschrieben und veröffentlicht habe, dann könne es sein, daß das Volk ihm vergebe. Während der tausend Tage seitdem hat sich Salman Rushdie ausdrücklich und öffentlich – nicht weniger als fünfmal – für jede Beleidigung entschuldigt, die er Moslems zugefügt haben könnte. Jedesmal wurde die Entschuldigung, ebenso wie sein Entschluß, keine englischsprachige Taschenbuchausgabe der *Satanischen Verse* zu gestatten, von den iranischen Behörden sofort und unmißverständlich zurückgewiesen.

Diese Chronologie verzeichnet die Zerstörung von Eigentum durch Feuer und Bombenanschläge; Unruhen wegen der *Satanischen Verse* in vielen Ländern, bei denen Menschen starben und viele verletzt wurden. Diese Opfer sind tragisch, bestürzend, und man darf sie nicht hinnehmen. Man muß jedoch fragen: Wer hat diese Opfer gefordert und warum? Können Bücher zum Tode führen? Das können sie nicht. Aber diejenigen, die anderen religiöse und politische Ansichten aufzwingen wollen, benutzen nur allzuoft Bücher, um Unruhe zum Nutzen ihrer Sache auszulösen.

Das Internationale Komitee ist weiterhin davon überzeugt, daß ein Nachgeben gegenüber der Forderung, den Verkauf der *Satanischen Verse* endgültig zu verbieten, das Problem nicht lösen wird. Das würde die Welt nicht sicherer machen; tatsächlich würde es auf lange Sicht nur jede nur mögliche Gruppierung ermutigen, Todesdrohungen auszusprechen, wenn ihre Überzeugung oder Meinung in Frage gestellt würde.

Ebenso wie alle anderen Regierungen hat die britische Regierung nicht nur die Pflicht, einen ihrer derart bedrohten Bürger zu schützen, sondern auch die positive Verpflichtung, das Prinzip des Rechts auf freie Meinungsäußerung aufrechtzuerhalten, auf dem die Demokratie beruht. Dies bedeutet, daß sie weiterhin diplomatischen Druck auf die iranische Regierung auszuüben hat, bis diese die Fatwa und die für Salman Rushdies Ermordnung ausgesetzte Belohnung zurückgenommen hat, bis die Todesdrohung widerrufen ist. Die Worte des US-Botschafters bei seiner Aussage vor dem Senatsausschuß für auswärtige Beziehungen am 8. März 1989 haben ihre Gültigkeit nicht verloren: »... Jede reale Konzession an Terroristen ruft neuen Terrorismus hervor.«

Frances D'Souza, Direktorin von »Article 19«, Vorstandsmitglied des ICDSR

Vorgeschichte

Im September 1988 veröffentlichten *India Today* und *Sunday* Interviews mit dem britischen, in Indien geborenen Autor Salman Rushdie über seinen neuen Roman *Die satanischen Verse*, der am 26. September in Großbritannien erscheinen sollte.

Chorschid Alam Chan und Sayed Schahabuddin, Parlamentsabgeordnete der moslemischen Opposition, begannen eine heftige Kampagne mit Versammlungen und Demonstrationen gegen dieses Buch.

Am 5. Oktober 1988 verkündete das indische Finanzministerium das Verbot der *Satanischen Verse* unter Berufung auf Paragraph 11 des indischen Zollgesetzes und fügte hinzu, das Verbot mindere nicht den literarischen und künstlerischen Wert von Rushdies Werk. So gut wie jede führende indische Zeitung und Zeitschrift kritisierte das Verbot.

In einem Offenen Brief an Premierminister Rajiv Gandhi (veröffentlicht im *Indian Express* am 13. Oktober) äußerte Salman Rushdie seine Betroffenheit angesichts des Verbots durch die indische Regierung und beschuldigte seine Verleumder des Extremismus und der politischen Manipulation. *The Economic and Political Weekly* vom 22. Oktober stellte fest, das Verbot sei eine politische Entscheidung, und warf Premierminister Gandhi vor, er habe wegen der bevorstehenden Novemberwahlen nachgegeben. Schriftsteller, Redakteure und Verleger protestierten in einem Brief an den Premierminister gegen das Verbot und bezeichneten es als unangemessen und übereilt.

In Großbritannien wurden umstrittene Passagen aus den *Satanischen Versen* moslemischen Organisationen, Moscheen und moslemischen Botschaften zugeschickt, die bei Viking/Penguin durchzusetzen versuchten, daß der Verkauf des Buches sofort eingestellt werde. Am 11. Oktober 1988 wurde das britische Aktionskomitee für islamische Angelegenheiten gegründet, um die öffentliche Meinung gegen den Roman zu mobilisieren. Im November forderte das Generalsekretariat der aus Organisationen aus 46 Ländern bestehenden Islamischen Konferenz die Mitgliedsstaaten auf, einschneidende Maßnahmen gegen Autor und Verleger des Buches einzuleiten, falls sie den Verkauf des Werkes nicht einstellten.

Im November verboten die Regierungen von Bangladesch und Sudan die *Satanischen Verse*, die am 8. November mit dem Whitbread-Preis für den »besten Roman« ausgezeichnet wurden.

Im Dezember organisierte der Islamische Verteidigungsrat in London eine Protestveranstaltung, und ähnliche Veranstaltungen folgten in britischen Städten mit größeren moslemischen Bevölkerungsgruppen. Am 14. Dezember verbot die Regierung von Sri Lanka den Roman. Am 14. Januar 1989 verbrannten Moslems in Bradford, Yorkshire, ein Exemplar der *Satanischen Verse*, um die Aufmerksamkeit auf ihr Anliegen zu lenken. Dies löste einen Proteststurm aus, die Medien reagierten sofort, und die Kontroverse wurde in aller Welt bekannt.

Am 8. Februar verbot Pakistans Nationalversammlung den Roman. Dem Verbot folgte eine Reihe gewalttätiger Proteste gegen Salman Rushdie und seinen Roman in Bombay und Dakka. Am 13. Februar kam bei Unruhen in Kaschmir ein Mensch ums Leben, über hundert wurden verletzt. Am 12. Februar versuchten etwa zweitausend Demonstranten, die US-Botschaft in Islamabad zu stürmen, als Protest gegen die bevorstehende Veröffentlichung des Buches in den USA. Nach Steinwürfen eröffnete die Polizei das Feuer, tötete mindestens fünf Menschen und verletzte über hundert. Diese Konfrontation wurde im Fernsehen in aller Welt gezeigt, auch in Teheran.

Die folgende Chronologie wurde von Carmel Bedford zusammengestellt, Redakteurin bei »Article 19« und Sekretärin des ICDSR.

Article 19 dankt Seonai Gordon und Robin Judd für ihre wertvolle Mitarbeit.

Tausend Tage Zensur

14.2.1989: Tag 1

Im Iran erläßt Ayatollah Ruhollah Khomeini eine Fatwa (ein religiöses Edikt) zu Salman Rushdie und seinen Verlegern, die über Radio Teheran ausgestrahlt wird: »Ich gebe den stolzen moslemischen Völkern der Welt bekannt, daß der Autor der *Satanischen Verse*, eines Buches, das sich gegen den Islam, den Propheten und den Koran richtet, sowie alle, die an seiner Veröffentlichung beteiligt waren und den Inhalt kannten, zum Tode verurteilt sind.« Jeder, der bei dem Versuch sterbe, die Welt von Rushdie zu befreien, sagt er, »gilt als Märtyrer und kommt direkt ins Paradies«.

Salman Rushdie und seine Frau, die Autorin Marianne Wiggins, tauchen unter und werden unter bewaffneten Schutz gestellt.

15.2.1989: Tag 2

Der Iran verkündet einen nationalen Trauertag zum Protest gegen die *Satanischen Verse*. Tausende von Demonstranten bewerfen unter dem Ruf »Tod für Großbritannien« die britische Botschaft in Teheran mit Steinen (sie wurde im November 1988 nach achtjähriger Schließung wieder geöffnet).

Der iranische Außenminister Ali Akbar Velayati fordert ein Dringlichkeitstreffen der Organisationen der islamischen Konferenz, um über die *Satanischen Verse* zu diskutieren; er ruft alle moslemischen Länder dazu auf, britische und amerikanische Kulturzentren zu schließen.

Alle Bücher des Verlags Viking/Penguin werden im Iran verboten.

Im iranischen Fernsehen setzt Hodschatoleslam Hassani Sane'i, ein iranischer Geistlicher der Stiftung »15. Chordad«, eine Belohnung von drei Millionen Dollar für jeden Iraner und von einer Million Dollar für jeden Ausländer aus, der Salman Rushdie tötet.

Die iranische Botschaft appelliert öffentlich an Papst Johannes Paul II., sich dafür einzusetzen, die Veröffentlichung der *Satanischen Verse* in Italien zu verhindern.

Ein Sprecher des pakistanischen Außenministeriums sagt, sein Land werde sich für konzertierte Aktionen islamischer Nationen gegen das

Buch von Salman Rushdie einsetzen; er fügt hinzu, Pakistan werde darauf hinwirken, daß alle Bücher der Verleger des Romans verboten würden, bis sie den Vertrieb des Buches einstellten und alle bereits ausgelieferten Exemplare der *Satanischen Verse* aus den Buchläden zurückriefen.

Salman Rushdie sagt eine geplante dreiwöchige US-Reise für Lesungen aus den *Satanischen Versen* ab.

Harold Pinter leitet eine Schriftstellerdelegation zur britischen Premierministerin, um gegen die Fatwa gegen Salman Rushdie zu protestieren.

16.2.1989: Tag 3

Die britische Regierung protestiert beim iranischen Geschäftsträger in London vehement gegen die Erklärung des Ayatollah Khomeini, die »völlig inakzeptabel« sei. Außenminister Sir Geoffrey Howe sagt, Beziehungen zu Teheran seien unmöglich, wenn der Iran »internationale Verhaltensnormen nicht respektiere«.

17.2.1989: Tag 4

Der iranische Präsident Ali Chamenei meint, wenn Salman Rushdie bereue und sich bei den Moslems entschuldige, »ist es möglich, daß das Volk ihm vergibt«.

In London bezeichnet der iranische Geschäftsträger Mohammad Mehdi Achund Zadeh Basti den Hinrichtungsbefehl des Ayatollah Khomeini als »eine rein religiöse Äußerung«, die nicht als politische Geste gegen Großbritannien gemeint sei.

Die westdeutsche Regierung gibt bekannt, daß sie den Bonner Geschäftsträger in Teheran, Thomas Tromel, zu »gründlichen Beratungen« über das Edikt Khomeinis zurückberufen habe. Der iranische Botschafter in Bonn, Mehdi Ahari Mostafavi, wird in das deutsche Außenministerium zitiert; es wird ihm mitgeteilt, daß Westdeutschland die Drohungen gegen Herrn Rushdie scharf verurteile.

The Bookseller, ein britisches Buchmagazin, gibt bekannt, die *Satanischen Verse* seien mit geschätzten Verkäufen von wöchentlich 2000 Exemplaren seit vier Wochen Bestseller.

Die amerikanische Buchhandelskette Waldenbook nimmt die *Satanischen Verse* aus ihrem Sortiment.

Das kanadische PEN-Zentrum protestiert per Telex bei Premierminister Brian Mulroney gegen die Entscheidung der kanadischen Regierung, die *Satanischen Verse* an den Grenzen aufzuhalten, um sie vom Zoll als »potentielle Hetzliteratur« prüfen zu lassen.

18.2.1989: Tag 5

Salman Rushdie veröffentlicht eine Erklärung: »Als Autor der *Satanischen Verse* ist mir bewußt, daß sich Moslems in vielen Teilen der Welt durch die Veröffentlichung meines Romans ernstlich bedrückt fühlen. Ich bedaure es zutiefst, wenn die Veröffentlichung islamischen Gläubigen Schmerz zugefügt hat. Da wir in einer Welt mit vielen Glaubensrichtungen leben, sollte uns die Erfahrung daran erinnern, daß wir die Empfindlichkeit anderer nicht aus dem Auge verlieren dürfen.«

Sayed Abd-el-Quddis, Sekretär des Rats der Moscheen von Bradford, sagt: »Das ist eine gute Nachricht, und wir sind froh und zufrieden. Wir wollen Harmonie und Frieden. Aber Rushdie hätte sich schon vor Wochen entschuldigen sollen. Wäre er höflich gewesen, wäre nichts geschehen.«

Dr. Hescham al-Esawi, Vorsitzender der islamischen Gesellschaft zur Förderung religiöser Toleranz, sagt: »Ich betrachte das als eine Entschuldigung, die aus der Krise führen sollte. Jetzt hoffe ich, daß damit die Probleme zwischen Iran und Großbritannien gelöst werden.«

Der Rat der Moscheen von Bradford bezeichnet die Erklärung des Autors »nicht als ernsthafte Entschuldigung, sondern als weitere Beleidigung für die gesamte moslemische Welt«.

Dr. Kalim Siddiqi, Direktor des Moslemischen Instituts in London, bekräftigt in BBC-Radio 4 Today die Fatwa.

Der deutsche Rushdie-Verleger Neven DuMont weigert sich, die *Satanischen Verse* allein herauszubringen. Hans Magnus Enzensberger schlägt in einem *taz*-Interview vor, »die Basis zu verbreitern«.

Frankreich ruft seinen Geschäftsträger aus Teheran zurück.

19.2.1989: Tag 6

Salman Rushdies Entschuldigung wird zurückgewiesen. In einer Erklärung aus dem Iran sagt Ayatollah Khomeini, Salman Rushdies Erklärung sei nicht die öffentliche Reue, die für eine Begnadigung erforderlich sei, und fügt hinzu: »Es ist die Pflicht jedes Moslems, alles, was er hat, einzusetzen, sein Leben und seinen Reichtum, um ihn zur Hölle zu schicken.«

20.2.1989: Tag 7

Beim Außenminister-Treffen der Europäischen Gemeinschaft veröffentlichten die zwölf EG-Länder auf Antrag des britischen Außenministers Sir Geoffrey Howe eine gemeinsame Erklärung zu den iranischen Drohungen gegen Salman Rushdie und seine Verleger.

UN-Generalsekretär Javier Perez de Cuellar fordert die Rücknahme der Todesdrohung.

Regisseure, die bei den Berliner Filmfestspielen zu Gast sind, veröffentlichen in der *taz* ein Manifest gegen die Fatwa: »Wir sind entsetzt über die Feigheit der Verlage und Medien. Wir fordern, daß Rushdies Roman der internationalen Öffentlichkeit so schnell wie möglich zugänglich gemacht wird.« Zu den Unterzeichnern gehören: Oliver Stone, Jean Rouch, Marcel Ophüls, Derek Jarman.

Zu den Reaktionen auf Salman Rushdies *Satanische Verse* erklärt der Generaldirektor der UNESCO, Federico Mayor: »Es ist die Pflicht eines jeden Menschen, die Religion anderer Völker zu respektieren; es ist aber auch die Pflicht eines jeden Menschen, die Freiheit anderer Menschen zur Meinungsäußerung zu respektieren.«

Das internationale Komitee zur Verteidigung Salman Rushdies und seiner Verleger (ICDSR) wird bei einer Versammlung in London gegründet. Das Treffen wird von Organisationen und Individuen besucht, die Schriftsteller, Verleger, Buchhändler, Journalisten, Gewerkschaften und Menschenrechtsgruppen vertreten; ihre erste Initiative besteht darin, die Fatwa als »bewaffnete Zensur« zu verurteilen.

21.2.1989: Tag 8

Der Iran ruft seine Botschafter aus den zwölf EG-Ländern zurück – in Vergeltung für die Entscheidung der EG, ihre Botschafter aus Teheran abzuberufen.

Bei einer Pressekonferenz sagt US-Präsident George Bush mit Bezug auf die *Satanischen Verse*: »So beleidigend das Buch auch sein mag, der Aufruf zum Mord und die Aussetzung von Belohnungen für seine Durchführung sind ein schwerer Verstoß gegen die Normen zivilisierten Verhaltens... Angesichts des iranischen Aufrufs muß die iranische Regierung erwarten, zur Verantwortung gezogen zu werden, falls es zu Aktionen gegen amerikanische Interessen kommt.«

In Madrid widmet Filmemacher Pedro Almodovar den Preis, der ihm von der Wochenzeitung *Cambio* verliehen wurde, Salman Rushdie.

Die italienische Übersetzung der *Satanischen Verse* wird veröffentlicht.

22.2.1989: Tag 9

Die *Satanischen Verse* werden in den USA veröffentlicht.

Der Verband amerikanischer Verleger, der Verband amerikanischer Buchhändler und der amerikanische Bibliotheksverband setzen eine ganzseitige Anzeige in die *New York Times*, in der erklärt wird: »Heute ist das Veröffentlichungsdatum von Salman Rushdies Buch *Die satanischen Verse*: Freie Menschen schreiben Bücher, freie Menschen veröffentlichen Bücher, freie Menschen verkaufen Bücher, freie Menschen kaufen Bücher, freie Menschen lesen Bücher. Im Geiste der amerikanischen Verpflichtung gegenüber dem Recht auf freie Meinungsäußerung informieren wir die Öffentlichkeit, daß dieses Buch den Lesern in Buchhandlungen und Bibliotheken im ganzen Lande zur Verfügung steht.«

Deutsche Schriftsteller schicken ein Telegramm an Kanzler Helmut Kohl: »Wir fordern die Bundesregierung auf, bei der Regierung des Iran die Rücknahme des Mordaufrufs notfalls mit wirtschaftlichen Mitteln zu erzwingen.« Zu den Unterzeichnern gehören: Jurek Becker, F. C. Delius, Hans Magnus Enzensberger, Jürgen Fuchs, Günter Grass, Libuse Monikova, Herta Müller und Johannes Mario Simmel.

Die *taz* veröffentlicht erste Auszüge aus den *Satanischen Versen* auf ihrer Seite 1 in deutsch. Ursprünglich war eine Gemeinschaftsaktion mehrerer Medien geplant. Die anderen Zeitungen und Zeitschriften ziehen sich aus Sicherheitserwägungen und weil der deutsche Rushdie-Verleger Neven DuMont die Rechte nicht freigeben wollte zurück.

23.2.1989: Tag 10

Die französischen Zeitungen *Libération*, *Le Nouvel Observateur* und *Le Monde* veröffentlichen die Kapitel I, II und IV der *Satanischen Verse*.

Kanada ruft seinen Geschäftsträger aus Teheran zurück.

Der französische Präsident Mitterand verurteilt den Fanatismus des Ayatollah Khomeini.

Im US-Repräsentantenhaus verurteilt der Abgeordnete Ted Weiss das Vorgehen des Ayatollah Khomeini und fordert seine Kollegen auf, mit ihm einen Brief an Präsident Bush zu unterschreiben, »um unsere Sorge in dieser Frage zum Ausdruck zu bringen«. Der Brief an Präsident Bush fordert in allem Respekt, »der Regierung des Iran solle öffentlich mitgeteilt werden, daß die Vereinigten Staaten die Absicht hätten, jede Möglichkeit normalisierter Handels- oder diplomatischer Beziehungen auf unbestimmte Zeit zu verschieben, bis die Drohungen zurückgenommen und die Sicherheit des Autors, der Verleger und Verkäufer der *Satanischen Verse* gewährleistet sind«.

Die norwegischen Verleger H. Aschehoug & Co. (W.Nygaard) A/S erhalten einen Brief des Islamischen Verteidigungsrates in Norwegen mit der dringenden Aufforderung, die *Satanischen Verse* nicht zu veröffentlichen.

Über 80 prominente Asiaten in Großbritannien, darunter Künstler, Schriftsteller und Universitätsangehörige, einige von ihnen Moslems, unterzeichnen eine Erklärung zur Verteidigung des Rechts Salman Rushdies, die *Satanischen Verse* zu veröffentlichen. Zu den Unterzeichnern gehören: Baha'uddin Latif, I. G. Patel, Leiter der London School of Economics, Homi Bhaba von der Universität Sussex, Hanif Kureishi, Schriftsteller und Filmregisseur, und Nasim Khan, Schriftsteller.

24.2.1989: Tag 11

Nach Anti-Rushdie-Demonstrationen in Bombay werden zwölf Moslems von der Polizei erschossen und über fünfzig verletzt.

In Manchester protestieren britische Moslems friedlich gegen die *Satanischen Verse*.

Wole Soyinka, der Nobelpreisträger für Literatur von 1986, erklärt in einer nigerianischen Zeitung, zivilisierte Nationen hätten die Pflicht, iranische Diplomaten wegen der Todesdrohung gegen Salman Rushdie auszuweisen. »Wenn Rushdie zum Schweigen gezwungen wird, wird die kreative Welt ihren eigenen Jihad beginnen. Dazu hat sie den Willen, die Mittel und die Phantasie.«

26.2.1989: Tag 13

Tausende US-Moslems protestieren in New York gegen die *Satanischen Verse*.

27.2.1989: Tag 14

Der britische Staatssekretär John Patten empfängt eine Delegation britischer Moslems und lehnt ihre Forderung ab, das Gesetz über Gotteslästerung auf den Islam zu erweitern.

Nach einer moslemischen Massendemonstration in Oslo erhalten der Verleger William Nygaard und der norwegische Übersetzer der *Satanischen Verse* Drohungen.

28.2.1989: Tag 15

Ein pakistanischer Sicherheitsbeamter wird bei einem Bombenanschlag auf die Bibliothek des British Council in Karatschi getötet.

Die Büros der *The River Dale Press*, einer Wochenzeitung in Bronx, New York, werden durch eine Brandbombe schwer beschädigt. Die Zeitung hatte einen Leitartikel veröffentlicht, in dem große Buchhandelsketten kritisiert wurden, weil sie die *Satanischen Verse* aus dem Sortiment genommen hatten.

Die iranische Madschles (Parlament) spricht sich fast einstimmig dafür aus, alle diplomatischen Beziehungen zu Großbritannien abzubrechen.

1.3.1989: Tag 16

Die marokkanischen Behörden beschlagnahmen die März-Ausgabe der französischsprachigen *Kalima*, eines in Casablanca erscheinenden Magazins. Die Ausgabe enthält Artikel zu den Erklärungen der marokkanischen Presse und marokkanischer Schriftsteller zur Unterstützung des britischen Schriftstellers Salman Rushdie.

Pakistan verbietet Salman Rushdie die Einreise.

Der Libanon, Kenia und Brunei verbieten die *Satanischen Verse*.

Die *taz* gibt ihren Beschluß bekannt, am 2. März eine internationale Solidaritätserklärung für Salman Rushdie zu veröffentlichen.

Die französische Sängerin Veronique Sanson zieht ein Lied mit dem Titel »Allah« aus ihrem Repertoire in der Olympia Music Hall in Paris zurück, nachdem sie Todesdrohungen erhalten hatte.

2.3.1989: Tag 17

Das ICDSR veröffentlicht eine Erklärung zur Verteidigung von Salman Rushdie und seiner Verleger, unterzeichnet von tausend international bekannten Schriftstellern, in der das Recht auf freie Meinungsäußerung gemäß Artikel 19 der Allgemeinen Erklärung der Menschenrechte bekräftigt wird; zugleich würdigt die Erklärung den Schmerz, den das Buch ausgelöst hat, und bedauert zutiefst, daß es in den sich daraus ergebenden Konflikten zu Todesfällen kam; sie appelliert an die Weltöffentlichkeit, das Recht aller Menschen zu unterstützen, ihre Ideen und Überzeugungen auszudrücken und sie mit ihren Kritikern auf der Basis gegenseitiger Toleranz, frei von Zensur, Einschüchterung und Gewalt zu diskutieren. Darüber hinaus fordert sie alle Führer der Welt auf, auch weiterhin die Drohungen gegen Salman Rushdie und seine Verleger zurückzuweisen und entschlossen dafür Sorge zu tragen, daß diese Drohungen zurückgezogen werden. Die Erklärung wird kostenlos in 62 Zeitungen und Magazinen in aller Welt veröffentlicht.

3.3.1989: Tag 18

In Dakka, Bangladesch, protestieren Tausende Moslems bei einer Veranstaltung gegen die *Satanischen Verse*. Als die Polizei das Feuer auf die Demonstration eröffnet, werden etwa hundert Menschen verletzt.

Pakistan verbietet die neuesten Ausgaben der internationalen Nachrichtenmagazine *Time* und *Newsweek* wegen Rezensionen der *Satanischen Verse*. In einer Erklärung der Regierung heißt es: »Die Magazine wurden beschlagnahmt, weil sie Rezensionen des verbotenen Buches veröffentlichten... zusammen mit gotteslästerlichen Zitaten daraus.«

Premierministerin Margaret Thatcher und Außenminister Sir Geoffrey Howe räumen ein, die *Satanischen Verse* seien »beleidigend«.

In Instanbul, Türkei, findet eine große Protestveranstaltung gegen die *Satanischen Verse* statt.

4.3.1989: Tag 19

Salman Rushdie wird zum Ehrenmitglied des jugoslawischen Schriftstellerverbandes ernannt.

Die französische Schauspielerin Isabelle Adjani liest während der Verleihung des »César«, bei der sie als »beste Schauspielerin« ausgezeichnet wird, Auszüge aus den *Satanischen Versen*.

Moslems demonstrieren gegen Salman Rushdie und die *Satanischen Verse* in Bonn, Bangkok, Karatschi, Srinigar, Rotterdam und Stockholm.

5.3.1989: Tag 20

Der palästinensische Guerillaführer Ahmad Dschibril, Führer der Volksfront für die Befreiung Palästinas/Generalkommando, erklärt: »Wir in der PFLP-GC werden uns dieser neuen Verschwörung (gegen den Islam) entgegenstellen und dazu beitragen, die legalen Aktionen gegen Rushdie durchzuführen.«

Moslemorganisationen in Sydney, Australien, veranstalten friedliche Proteste für das Verbot der *Satanischen Verse*.

Der Bürgermeister von Ravenna verschärft die Sicherheitsmaßnahmen für Dantes Grabmal, nachdem er von den »Wächtern der Revolution« einen Brief erhalten hat, in dem mit der Sprengung des Denkmals gedroht wird. (In Dantes »Göttlicher Komödie« wird der Prophet im achten Höllenkreis für die Verräter beschrieben, »vom Kinn zerspalten bis hinab zum Furz«.) In dem Brief wird der Bürgermeister zu der Erklärung aufgefordert, Dante habe »gelogen und diese Verse dürfen nicht länger gelesen oder studiert werden«.

Der Vatikan bringt seine Solidarität mit Menschen zum Ausdruck, die in ihrem Glauben verletzt wurden.

7.3.1989: Tag 22

Der Iran bricht die diplomatischen Beziehungen zu Großbritannien ab.

Das kanadische PEN-Zentrum schreibt an den Rat der moslemischen Gemeinden in Kanada und die Islamische Gesellschaft Nordamerikas und dringt auf Dialog und Verständnis.

Israels Oberrabbiner erklärt, der Jüdische Staat solle die *Satanischen Verse* verbieten, um moslemische Bürger nicht zu beleidigen, kritisiert jedoch die von Ayatollah Khomeini erlassene Fatwa gegen Salman Rushdie.

Thailand verbietet die *Satanischen Verse*.

8.3.1989: Tag 23

Susan Sontag nimmt als Vertreterin des amerikanischen PEN-Zentrums vor einem Unterausschuß des Senats Stellung zu den Reaktionen der Schriftsteller auf die Kontroverse um Salman Rushdies *Satanische Verse*; außerdem erläutert sie ihre Einschätzung der Reaktion der US-Regierung und äußert ihre Besorgnis darüber, daß die Ereignisse der letzten Wochen sich auf die freie Meinungsäußerung in den Vereinigten Staaten auswirken könnten.

Die *Moskauer Nachrichten* veröffentlichen eine Petition, die von einer Gruppe sowjetischer Intellektueller, darunter auch Andrej Sacharow, unterzeichnet wird und an Ayatollah Khomeini appelliert, gegenüber Salman Rushdie »Gnade« walten zu lassen.

9.3.1989: Tag 24

Die (West-)Berliner Akadamie der Künste weigert sich, ihre Räume für eine Solidaritätsveranstaltung für Salman Rushdie zur Verfügung zu stellen. Sicherheitsbedenken werden geltend gemacht. Günter Grass tritt aus Protest gegen diese Entscheidung aus der Akademie aus. Die Akademie habe »sich der Verpflichtungen der Vergangenheit entledigt«. Auch der Philosoph Günther Anders tritt aus.

10.3.1989: Tag 25

Deutsche Schriftsteller verlesen unter der Schirmherrschaft des deutschen PEN-Zentrums Auszüge aus den *Satanischen Versen*. Zugleich halten fünfhundert in Berlin lebende Iraner in der Technischen Universität eine Solidaritätsveranstaltung für Rushdie ab.

13.3.1989: Tag 28

Die schwedische Autorin Kerstin Ekman tritt aus der achtzehnköpfigen Schwedischen Akademie zurück, die den Nobelpreis für Literatur verleiht; ihr Kollege Lars Gyllensten gibt bekannt, er werde weiterhin für das Nobel-Institut arbeiten, aber alle anderen Aktivitäten boykottieren, nachdem sich die Akademie geweigert hatte, die Todesdrohung des Ayatollah Khomeini gegen Salman Rushdie zu verurteilen.

Tansania und Indonesien verbieten die *Satanischen Verse*.

14.3.1989: Tag 29

Singapur verbietet die *Satanischen Verse*.

15.3.1989: Tag 30

Der Verband der Kaschmiri mit Sitz in Birmingham ruft dazu auf, Salman Rushdie nach dem Gesetz über Rassenbeziehungen anzuklagen. Sein Sekretär Khalid Mahmud hält dies für eine bessere Möglichkeit als die Verabschiedung eines neuen Gotteslästerungsgesetzes.

In Schweden kritisieren Verleger das Komitee zur Verleihung des Literatur-Nobelpreises wegen seiner Weigerung, Salman Rushdie vorbehaltlos zu unterstützen.

16.3.1989: Tag 31

Das Büro der britischen Premierministerin Margaret Thatcher antwortet Lady Antonia Fraser, einem Gründungsmitglied des ICDSR: »Unsere Verpflichtung zum Schutz der Rechte und Freiheiten unserer Bürger, einschließlich des Rechts auf freie Meinungsäußerung, ist unerschütterlich. Bevor die Beziehungen Großbritanniens zum Iran wiederaufgenommen werden können, muß der Iran deutlich machen, daß er bereit ist, seinen internationalen Verpflichtungen nachzukommen und den Einsatz oder die Androhung von Gewalt gegen die Bürger und Interessen anderer Länder zu widerrufen.«

In Riad, Saudi-Arabien, verbietet die Organisation der Islamischen Konferenz den Vertrieb aller bei Penguin erscheinenden Buchtitel in 45 moslemischen Ländern als Protest gegen die Weigerung von Viking/Penguin, die *Satanischen Verse* zurückzuziehen, weigert sich jedoch, den Iran in der Todesdrohung gegen Salman Rushdie und seine Verleger zu unterstützen.

17.3.1989: Tag 32

Sudanesische Moslems demonstrieren in Khartum gegen die *Satanischen Verse*.

21.3.1989: Tag 36

EG-Entscheidung, den Mitgliedsländern die erneute Entsendung von Botschaftern in den Iran freizustellen. Der spanische Außenminister Francisco Fernandez Ordonez, Vorsitzender des EG-Rats, erklärt, die Mitgliedsstaaten könnten beschließen, ihre Botschafter erneut zu entsenden, und fügt hinzu: »In sämtlichen Kontakten mit iranischen Behörden werden die Botschafter die Solidarität der Gemeinschaft bekräftigen, die an ihrer Erklärung vom 20. Februar festhält.«

26.3.1989: Tag 41
Dr. Kalim Siddiqi, Direktor des Moslem-Institus in London, bekräftigt die Fatwa gegen Salman Rushdie in dem Programm »East-West« von BBC 2 TV.

29.3.1989: Tag 44
Der geistige Führer der belgischen Moslems, Abdallah Ahdal, ein Saudi-Araber, und sein Stellvertreter Salim Bahri, ein Tunesier, werden erschossen. Ein Sprecher der Polizei sagt, Ahdal habe Drohungen erhalten, nachdem er im belgischen Fernsehen erklärt hatte, die Todesdrohung des Ayatollah Khomeini gegen Salman Rushdie sei für die öffentliche Meinung im Iran bestimmt, aber in Europa herrsche Freiheit der Meinungsäußerung.

1.4.1989: Tag 47
Dr. Kalim Siddiqi zitiert bei einer Londoner Konferenz des Moslem-Instituts die Fatwa wörtlich als »lediglich ein Todesurteil nach göttlichem Recht« und hebt die Auswirkungen der Affäre um die *Satanischen Verse* auf Moslems in Großbritannien hervor.

9.4.1989: Tag 55
In London werden Brandbomben in den Buchhandlungen Collet's Penguin und Dillon entzündet.

12.4.1989: Tag 58
Der Abgeordnete Tony Benn bringt einen Gesetzentwurf zur Abschaffung des Gesetzes gegen Gotteslästerung ein. Unterstützt von Abgeordneten aller Parteien, darunter David Steel und Sir Ian Gillmour, wird der Gesetzentwurf genau 100 Jahre nach dem Tag eingeführt, an dem Charles Bradlaugh »ein Gesetz zur Abschaffung der Verfolgung von Meinungsäußerungen in Religionsangelegenheiten« eingebracht hatte.

Zwei norwegische Buchhandlungen werden in Brand gesteckt, und eine dritte erhält eine Bombendrohung.

20.4.1989: Tag 66
Das ICDSR gibt eine Erklärung heraus, die »mit Enttäuschung feststellt, daß die bevorstehende Internationale Buchmesse in Teheran trotz einer im Iran erlassenen Todesdrohung gegen den Autor Salman Rushdie stattfindet. ... Darüber hinaus hat die iranische Regierung Viking/Penguin, die Verleger Salman Rushdies in Großbritannien, daran gehindert, an der Buchmesse teilzunehmen. Wir befürchten, daß die Teilnahme von Verlegern an diesem Ereignis von der iranischen Regierung und

anderen als eine Anerkennung der Todesdrohung interpretiert wird. Wir rufen daher alle teilnehmenden Verleger auf, den iranischen Behörden ihre Verurteilung der Todesdrohung deutlich zu machen wie auch ihre Unterstützung für die internationalen Bemühungen, die Todesdrohung zurücknehmen zu lassen«.

24.4.1989: Tag 70

In Paris veröffentlicht die Arabische Menschenrechtsvereinigung eine Erklärung, die in der Rushdie-Affäre Zurückhaltung fordert: »Keine Gotteslästerung schadet dem Islam und den Moslems so sehr wie der Aufruf zum Mord an einem Schriftsteller.«

30.4.1989: Tag 76

Nachdem er Ayatollah Khomeini als Terrorist bezeichnet hatte, erhielt Nobelpreisträger Nagib Machfus Todesdrohungen von Scheich Omar Abd ar-Rahman, dem Führer der Gruppe »Islamischer Jihad«, die im September 1981 Präsident Anwar es-Sadat ermordet hatte.

2.5.1989: Tag 78

Der Fontana-Verlag, der zur Collins-Gruppe gehört, verzichtet auf die Veröffentlichtung von *The Rushdie File* von Lisa Appignanesi und Sarah Maitland. Das Buch, in dem die Kontroverse um Salman Rushdie und die *Satanischen Verse* nachgezeichnet wird, stand kurz vor der Drucklegung.

6.5.1989: Tag 82

Gründung der Organisation »Frauen gegen Fundamentalismus«, einer Vereinigung, die sich dem zunehmenden Fundamentalismus in allen Religionen entgegenstellt. Zu den Frauengruppen, die sich an der Kampagne beteiligen, gehören: Southall Black Sisters, Brent Asian Women's Refuge und Organisationen iranischer Frauen in Großbritannien. Sie fordern: keine Unterdrückung der *Satanischen Verse*; die Abschaffung des Gotteslästerungsgesetzes; eine Beendigung der staatlichen Finanzierung religiöser Schulen und ein säkulares Erziehungssystem in einem wirklich säkularen Staat.

24.5.1989: Tag 100

Veröffentlichung der spanischen Ausgabe der *Satanischen Verse*.

25.5.1989: Tag 101
Das ICDSR gibt eine Erklärung bekannt, in der es das Recht von Moslems unterstützt, ihre Opposition gegen die *Satanischen Verse* als Ausübung ihres Rechts auf freie Meinungsäußerung zu demonstrieren. Das Komitee stimmt der Ansicht zu, daß das gegenwärtige Gotteslästerungsgesetz Moslems und alle anderen nichtchristlichen Religionen diskriminiert und als solches in einem modernen, pluralistischen Großbritannien keinen Platz hat. Das Komitee drängt das Parlament, bei der erstmöglichen Gelegenheit das Gotteslästerungsgesetz abzuschaffen, und ruft die Moslems auf, sich diese Forderung zu eigen zu machen.

27.5.1989: Tag 103
Angeführt von der Britischen Moslemischen Aktionsfront demonstrieren dreißigtausend Moslems im Hydepark; sie tragen Plakate mit Bildern des Ayatollah Khomeini und Puppen von Salman Rushdie mit sich und marschieren zum Parliament Square, um für eine Ausweitung des Gotteslästerungsgesetzes auch auf den Islam zu demonstrieren. Der Marsch endet gewalttätig mit einem Dutzend verletzter Polizisten und über hundert Festnahmen.

30.5.1989: Tag 106
Dr. Kalim Siddiqi bekräftigt im unabhängigen britischen Fernsehprogramm »Hypoteticals« die Fatwa gegen Salman Rushdie und fügt hinzu: »Wir schlagen zurück. Manchmal schlagen wir als erste zurück.«

2.6.1989: Tag 109
In einem offenen Brief an die britische Premierministerin Thatcher schreibt Dr. Kalim Siddiqi, er habe »zur Verteidigung des Islams in Großbritannien zu kämpfen«.

3.6.1989: Tag 110
Ayatollah Ruhollah Khomeini stirbt im Iran.

4.6.1989: Tag 111
Dr. Kalim Siddiqi erklärt, das gegen Salman Rushdie verhängte Todesurteil bleibe trotz des Todes von Ayatollah Khomeini in Kraft: »Es steht außer Frage, daß das Todesurteil aufgehoben wird, nur weil der verurteilende Richter gestorben ist. Es wird in Kraft bleiben.«

7.6.1989: Tag 114

Beim Begräbnis von Ayatollah Khomeini in Teheran sagt Dr. Kalim Siddiqi, Salman Rushdie solle sein Buch zurückziehen und alle Einkünfte daraus in einen Fonds für die Familien der Opfer der Proteste gegen den Roman in Pakistan und Indien einzahlen. »Dann könnten sich die Dinge sehr schnell vorwärts entwickeln; innerhalb von drei bis sechs Monaten könnten die diplomatischen Beziehungen wiederhergestellt sein«, sagt er nach Gesprächen mit höheren iranischen Führern. »Der Iran hat nicht die Absicht, Herrn Rushdie zu töten. Er wird die Todesdrohung nicht zurückziehen, ist jedoch bereit, die Sache fallenzulassen«, fügt er hinzu.

15.6.1989: Tag 122

Venezuela verbietet die *Satanischen Verse*.

17.6.1989: Tag 124

Der Rat der Moscheen von Bradford gibt ein 10-Punkte-Aktionsprogramm gegen die *Satanischen Verse* und seine Verleger heraus.

22.6.1989: Tag 129

In einer Rede in Moskau erklärt der iranische Präsident Haschemi Rafsandschani, die Todesdrohung gegen Salman Rushdie sei von »der gesamten moslemischen Welt« auf der Grundlage der Schari'a (des islamischen Gesetzes) verhängt, und fügt hinzu: »Was Ayatollah Ruhollah Khomeini sagte, war eine Vorschrift der Schari'a und nicht seine persönliche Meinung. Es gibt niemanden im Iran, der diese Vorschrift zurücknehmen wollte oder könnte.«

2.7.1989: Tag 139

Erste öffentliche Lesung von Auszügen aus den *Satanischen Versen* in Großbritannien in der Londoner Cornway-Hall unter der Schirmherrschaft der South Place Ethical Society.

4.7.1989: Tag 141

John Patten, Staatssekretär im britischen Innenministerium, schreibt einen offenen Brief an führende Mitglieder der moslemischen Gemeinde und bringt seine Ansicht zum Ausdruck, eine Ausweitung des Gotteslästerungsgesetzes auf andere Glaubensrichtungen als das Christentum hätte eine Flut von Prozessen zur Folge und würde den Beziehungen zwischen den Religionen schaden.

6.7.1989: Tag 143
Ein Brandanschlag gegen Collet's International Bookshop verursacht beträchtlichen Sachschaden.

Veröffentlichung von »*Sacred Cows*« von Fay Weldon.

18.7.1989: Tag 155
The Rushdie File von Lisa Appignanesi und Sarah Maitland wird vom Verlag Fourth Estate veröffentlicht. Das Buch verzeichnet die Ereignisse um die *Satanischen Verse* und die Verkündung der Fatwa gegen Salman Rushdie.

19.7.1989: Tag 156
Das ICDSR veranstaltet eine Pressekonferenz im Institute of Contemporary Arts in London anläßlich der Veröffentlichung von *Writers and Readers in Support of Salman Rushdie* (*Schriftsteller und Leser zur Unterstützung von Salman Rushdie*), die neueste Fassung der ICDSR-Erklärung, unterzeichnet von etwa zwölftausend Menschen aus siebenundsechzig Ländern. Die Dokumentation liefert die Hintergründe zur ICDSR-Erklärung und enthält Auszüge aus den vielen hundert Unterstützungsbriefen für den Autor. Professor Kevin Boyle (ehemaliger Vorsitzender des Komitees, abgelöst durch Frances D'Souza) verliest eine Botschaft von Salman Rushdie, in der er die hohe Zahl von Solidaritätszuschriften würdigt, die er von Moslems erhalten hat. In der Erklärung des Autors heißt es weiter: »Der Prozeß gegenseitigen Verständnisses im Islam wird weitergehen und zur Aussöhnung führen.« Dies ist Rushdies erster Kommentar zur Kontroverse, seit er gezwungen wurde, sich zu verbergen.

Veröffentlichung der französischen Übersetzung der *Satanischen Verse*.

1.8.1989: Tag 169
Veröffentlichung von *The Politics of the Satanic Verses: Unmasking Western Attitudes* von Schoaib Kureshi und Dschavad Khan.

10.8.1989: Tag 178
Frances D'Souza schreibt im Namen des ICDSR an Javier Perez de Cuellar, Generalsekretär der Vereinten Nationen; Sir Sridath Ramphal, Generalsekretär des Commonwealth, an Federico Mayor Zaragoza, Generaldirektor der UNESCO, und Erik Jensen, Direktor des UN-Informationsamtes, und informiert sie über die breiten Reaktionen auf die ICDSR-Erklärung zur Unterstützung von Salman Rushdie.

18.8.1989: Tag 186
Veröffentlichung der schwedischen Übersetzung der *Satanischen Verse*.

1.9.1989: Tag 200
Veröffentlichung der niederländischen Übersetzung der *Satanischen Verse*.

3.9.1989: Tag 202
Eine Bombe explodiert vor dem Kaufhaus Liberty's in London, das die *Satanischen Verse* führte, und verletzt eine irische Touristin.

13.9.1989: Tag 212
Die Penguin-Buchläden in York, Peterborough, Guildford und Nottingham werden angegriffen.

21.9.1989: Tag 220
Wegen eingegangener Drohungen beschließt »Artikel 19«, das deutsche Verlegerkonsortium der *Satanischen Verse*, den Roman nicht während der vom 11. bis 16. Oktober stattfindenden Frankfurter Buchmesse zu veröffentlichen.

26.9.1989: Tag 225
Erster Jahrestag der Veröffentlichung der *Satanischen Verse*. Viking/ Penguin teilt mit, in Großbritannien seien 200000 Exemplare der gebundenen Ausgabe zum Preis von jeweils 12,95 Pfund verkauft worden.

1.10.1989: Tag 230
Veröffentlichung der portugiesischen Übersetzung der *Satanischen Verse*.

10.10.1989: Tag 239
Die Frankfurter Buchmesse wird eröffnet. In einer beispiellosen Unterstützungsgeste für Salman Rushdie schließen die Veranstalter der Buchmesse die iranischen Teilnehmer aus. In seiner Eröffnungsrede sagt Direktor Peter Weidhaas: »Im Namen der weltweiten Gemeinschaft der Verleger, die jetzt hier in Frankfurt versammelt sind, fordere ich Präsident Rafsandjani der Islamischen Republik Iran auf, den Aufruf zum Mord an Salman Rushdie, seinen Verlegern und Buchhändlern zu widerrufen. Wir sähen Iran gerne wieder auf der 42. Frankfurter Buchmesse, aber ich muß auch feststellen, daß Iran so lange nicht teilnehmen kann, als diese Morddrohung nicht widerrufen ist.«

15.10.1989: Tag 244
Das ICDSR veranstaltet während der Frankfurter Buchmesse eine Solidaritätsveranstaltung für das Recht auf freie Meinungsäußerung. Unter dem Vorsitz von »Article 19« sprechen unter anderem Klaus Wagenbach, der Leiter des Konsortiums der deutschen Verleger der *Satanischen Verse*, die Schriftsteller Estella Schmid (ICDSR), Carl Amery (Präsident des deutschen PEN), Bahman Nirumand (iranischer Schriftstellerverband), Gerhard Ruis (Generalsekretär der IG-Autoren); Bernie Rath (geschäftsführender Direktor des amerikanischen Buchhändlerverbandes), Otto Schily (Mitglied des Deutschen Bundestages) und Carmel Bedford (Sekretärin des ICDSR). Salman Rushdie schickt eine Botschaft. Die Veranstaltung (die aus Sicherheitsgründen an einem abgelegenen Ort des Messegeländes stattfindet und wegen einer Bombendrohung mit Verspätung beginnt) empfängt auch viele Solidaritätsbezeigungen von Schriftstellern, darunter Hans Magnus Enzensberger, Harold Pinter und Arnold Wesker.

Eine für BBC-TV durchgeführte Harris-Umfrage ergibt, daß vier von fünf britischen Moslems irgendein Vorgehen gegen Salman Rushdie befürworten.

18.10.1989: Tag 247
Veröffentlichung der deutschen Übersetzung der *Satanischen Verse* durch ein Verlegerkonsortium, »Artikel 19«, koordiniert von Klaus Wagenbach. Die Gewinne aus der deutschen Ausgabe sollen an das Internationale PEN-Komitee »Writers In Prison« gehen.

21.10.1989: Tag 250
Bei einer öffentlichen Veranstaltung in Manchester fordert Dr. Kalim Siddiqi die Zuhörer auf, die Hand zur Unterstützung der Fatwa gegen Salman Rushdie zu erheben; es kommt zu Rufen »Tod für Rushdie«.

30.10.1989: Tag 259
Veröffentlichung der dänischen Übersetzung der *Satanischen Verse*.

1.11.1989: Tag 261
Die Polizei von Manchester gibt bekannt, daß eine Untersuchung gegen Dr. Kalim Siddiqi geprüft wird.

2.11.1989: Tag 262
Dr. Kalim Siddiqi beschwert sich über die Weigerung der *Times* den Text seiner Manchester-Rede als Anzeige abzudrucken.

17.11.1989: Tag 277
Veröffentlichung der finnischen Übersetzung der *Satanischen Verse*.

24.11.1989: Tag 284
In einem Interview mit dem *Guardian* behauptet Dr. Kalim Siddiqi, er bringe Sauberkeit und Moral in »den Schmutz der westlichen Kultur«.

9.12.1989: Tag 299
Britische Veröffentlichung von *Be Careful with Muhammad: The Salman Rushdie Affair* von Schabbir Achtar.

15.12.1989: Tag 305
Tag der moslemischen Solidarität in Großbritannien. Es heißt, bei den Freitagsgebeten in den Moscheen ganz Großbritanniens hätten »bis zu dreihunderttausend Moslems« die Hand zur Unterstützung des Todesurteils gegen Salman Rushdie gehoben.

22.12.1989: Tag 312
In einem erneuten Brief an den *Guardian* schreibt Dr. Kalim Siddiqi: »Wir müssen das Todesurteil gegen Rushdie unterstützen.«

6.1.1990: Tag 327
In Bradford bereiten die Moslems eine Verschärfung ihrer Kampagnen gegen die *Satanischen Verse* vor: »Wir können in dieser Frage nicht zurückstecken. Sie ist entscheidend für unsere Zukunft«, sagt Ischtiaq Ahmed, Sprecher des Rates der Moscheen von Bradford. Er fügt hinzu: »Es geht nicht nur einfach um einen Schriftsteller. Es geht darum, ob wir als religiöse Gemeinschaft ohne Angst vor Beleidigungen und Kränkungen leben können.«

8.1.1990: Tag 329
Moslems beginnen eine fünftägige Mahnwache vor dem Londoner Verlagsgebäude von Viking/Penguin, den Verlegern der *Satanischen Verse*.

9.1.1990: Tag 330
Frances D'Souza und Carmel Bedford (stellvertretend für das ICDSR) treffen sich mit Dr. Hescham al-Esawi, Vorsitzender der Islamischen Gesellschaft zur Förderung religiöser Toleranz.

14.1.1990: Tag 335
Die *Sunday Times* veröffentlicht die Ergebnisse einer Umfrage unter hundert Buchhandlungen, wonach siebenundfünfzig der Ansicht sind, Penguin solle eine Taschenbuchausgabe der *Satanischen Verse* veröffentlichen, siebenundzwanzig sind nicht dieser Ansicht und sechzehn waren unentschieden. Ischtiaq Ahmed, Sprecher des Rats der Moscheen von Bradford, droht damit, daß junge Moslems die Angelegenheit selbst in die Hand nehmen würden, falls seine Strategie scheitere, eine Taschenbuchausgabe des Buches zu verhindern.

28.1.1990: Tag 349
Im britischen Oberhaus gibt der Lordkanzler bekannt, die Staatsanwaltschaft habe keine Gründe für ein Verfahren gegen Dr. Kalim Siddiqi gefunden.

29.1.1990: Tag 350
Der Staatsanwalt gibt bekannt, es läge nicht genug Material vor, um eine Strafverfolgung gegen Dr. Kalim Siddiqi zu rechtfertigen, weil er angeblich im Oktober 1989 bei einer Rede in Manchester zum Mord an Salman Rushdie aufgerufen haben solle.

4.2.1990: Tag 356
Salman Rushdie bricht sein Schweigen mit einem Artikel in *The Independent on Sunday*. Titel: »In gutem Glauben.« In der siebentausend Worte umfassenden Verteidigung seines Werks leugnet Salman Rushdie, daß er Gott gelästert habe, und betont, daß er kein Moslem sei.

5.2.1990: Tag 357
Salman Rushdie drängt bei Penguin/Viking auf eine Taschenbuchausgabe der *Satanischen Verse*.

Schabbir Achtar, ein Mitglied des Rats der Moscheen von Bradford, wird zitiert: »Wenn Rushdie auf die Taschenbuchausgabe verzichtet und den Dialog mit dem Volk aufnimmt, den er bisher nicht geführt hat, dann ist noch Gelegenheit zur Versöhnung.«

8.2.1990: Tag 360
Neun Iraner, die einer Verschwörung zum Mord an Salman Rushdie verdächtigt werden, werden in den Iran ausgewiesen. Die Anordnung zur Ausweisung wurde »aus Gründen der nationalen Sicherheit« erlassen, weil die Tätigkeit der neun »nicht zum öffentlichen Wohl« beitrug, sagt ein Sprecher des Innenministeriums.

9.2.1990: Tag 316

Bei einer Gebetsveranstaltung in Teheran erneuert der geistige Führer des Iran, Ayatollah Ali Chamenei, die Fatwa, die zum Tod von Salman Rushdie auffordert: »Iman Khomeinis Urteil über den Autor des blasphemischen Buchs *Die satanischen Verse* bleibt in Kraft und muß vollzogen werden.«

In Teheran behauptet die Zeitung *Keyhan*, die Ausweisung von neun Iranern aus Großbritannien ziele wahrscheinlich darauf ab, die Feiern zum ersten Jahrestag der Fatwa gegen Salman Rushdie in Grenzen zu halten. Die Zeitung behauptet, der Zeitpunkt der Ausweisung sei ein positiver Beweis für die »Feindseligkeit der britischen Regierung«.

10.2.1990: Tag 362

Veröffentlichung des ersten Bandes der japanischen Übersetzung der *Satanischen Verse*.

11.2.1990: Tag 363

In Großbritannien verurteilt die Islamische Gesellschaft für die Förderung religiöser Toleranz uneingeschränkt die iranische Bekräftigung des Todesurteils gegen Salman Rushdie und bietet eine Lösung für die Kontroverse um die *Satanischen Verse* an. Salman Rushdie solle akzeptieren, daß auf dem Umschlag des Buches hervorgehoben werde, daß es sich um ein fiktives Werk handele und nicht um »historische Tatsachen«. Zusätzlich könne in weiteren Auflagen des Romans ein Erwiderungsessay abgedruckt werden. Der Vorsitzende der Gesellschaft, Dr. Hescham al-Esawi, erklärt, die Bekräftigung des Todesurteils widerspreche den Lehren des Koran: »Wir rufen die Führung des Irans auf, öffentlich festzustellen, daß sie sich nicht an grenzüberschreitenden kriegsähnlichen Aktionen wie dem Einsatz von Tötungskommandos beteiligen wird. Wir rufen sie weiter dazu auf, sich von den Gangstermethoden der Aussetzung von Kopfgeld zu distanzieren.«

13.2.1990: Tag 365

Bei einer Pressekonferenz in Tokio zur Veröffentlichung der japanischen Übersetzung der *Satanischen Verse* wird der italienische Verleger Gianni Palma mit einem Mikrophonständer angegriffen. Der Angreifer, identifiziert als Adnan Raschid, ein Pakistani, wird verhaftet und abgeführt, während er islamische Gebete deklamiert. Ein Mann, der sich als Führer der pakistanischen Gemeinde in Japan vorstellt, erklärt, Gianni Palma dürfe »nicht am Leben bleiben«. Gianni Palma sagt: »Ich kämpfe für freie Meinungsäußerung, und ich glaube, daß es Japaner gibt, die dieses Buch lesen wollen.«

14.2.1990: Tag 366
Das ICDSR veröffentlicht eine Erklärung internationaler Schriftsteller zur Verteidigung von Salman Rushdie und der freien Rede zum Jahrestag der Proklamation der Fatwa. Zu den Unterzeichnern der Erklärung gehören acht exilierte iranische Schriftsteller.

15.2.1990: Tag 367
Veröffentlichung von *Satanic Affair: Salman Rushdie and the Rage of Islam* von Malise Ruthven.

16.2.1990: Tag 368
Mir Lohi, Oberbefehlshaber der iranischen revolutionären Garden, erklärt, sie seien bereit, das Todesurteil gegen Salman Rushdie zu vollziehen.

18.2.1990: Tag 370
Dr. Kalim Siddiqi spricht in London bei einer Veranstaltung; die Halle ist mit Plakaten von Salman Rushdie geschmückt – mit der Aufschrift »Gesucht – tot oder lebendig«.

19.2.1990: Tag 371
Das ICDSR schreibt an Gerard Collins, den irischen Außenminister und Vorsitzenden des Europäischen Rats der Außenminister, sowie an alle teilnehmenden Minister und ersucht sie, die erneuten Drohungen gegen das Leben von Salman Rushdie auf die Tagesordnung des Außenminister-Treffens in Dublin zu setzen.

Mohammad Yazdi, ein hoher iranischer Richter, erklärt: Moslems, die Salman Rushdie töten könnten, dies jedoch nicht tun, seien Sünder vor Gott.

25.2.1990: Tag 377
Hazrat Mirza Tahir Ahmed, Führer der moslemischen Ahmadiyya-Gemeinde mit zehn Millionen Mitgliedern, verurteilt die Fatwa gegen Salman Rushdie und seine Verleger.

27.2.1990: Tag 379
Der Iran verbietet den *Spiegel* »wegen Beleidigung der Heiligtümer des iranischen Volkes« sowie des verstorbenen Führers Ayatollah Khomeini wegen seiner »feindlichen« Haltung gegenüber der Fatwa.

3.3.1990: Tag 383
Veröffentlichung der norwegischen Taschenbuchausgabe der *Satanischen Verse*, der ersten Taschenbuchausgabe des Romans.

4.3.1990: Tag 384
In Thailand verbrennen etwa zweihundert Moslems eine Nachbildung von Salman Rushdie, um gegen die japanische Übersetzung der *Satanischen Verse* zu protestieren.

6.3.1990: Tag 386
Der britische Parlamentsabgeordnete Harry Greenway bringt im Unterhaus einen Gesetzentwurf ein, das Gotteslästerungsgesetz auf alle größeren Religionen zu erweitern.

7.3.1990: Tag 387
Der britische Parlamentsabgeordnete Bob Cryer bringt im Unterhaus einen Gesetzentwurf ein, die Paragraphen wegen Gotteslästerung und gotteslästerlicher Verleumdung abzuschaffen.

28.4.1990: Tag 439
Salman Rushdie bringt im Rundfunksender der BBC seine Überraschung zum Ausdruck, daß wegen der »Drohungen gegen ihn« niemand unter Anklage gestellt wurde.

8.5.1990: Tag 449
In einer Gallup-Umfrage, die im *Daily Telegraph* veröffentlicht wird, antwortet die Mehrheit der Befragten, Salman Rushdie solle sich wegen der *Satanischen Verse* entschuldigen.

26.5.1990: Tag 467
Fünfhundert Jugendliche marschieren durch die Innenstadt von Bradford, um gegen die *Satanischen Verse* zu demonstrieren. Die von der Moslemischen Jugendbewegung Großbritanniens organisierte Demonstration endet in Gewalt. Sechzehn Jugendliche werden festgenommen.

28.5.1990: Tag 469
Eine hohe pro-iranische Persönlichkeit im Libanon, Husein Musawi, Führer der islamischen »Amal«, erklärt, einige im Libanon festgehaltene britische Geiseln könnten freigelassen werden, wenn Großbritannien Salman Rushdie ausweist.

3.6.1990: Tag 475

Ein höherer Beamter des iranischen Außenministeriums, Hosein Musavian, erklärt: »Niemand kann die Fatwa des Iman Khomeini widerrufen oder berichtigen; sie kann nicht modifiziert werden.«

Die britische Premierministerin Margaret Thatcher kommentiert: »Ich weiß, daß die islamischen Völker immer sehr von Vorgehensweisen verletzt werden, die sie als Beleidigung des Islams betrachten, genauso wie wir uns verletzt fühlen, wenn das Christentum beleidigt wird. ... Diese Religionen können jedoch ohne Schwierigkeiten die Kommentare einiger Leute überleben, die wegen ihrer anderslautenden Meinung die Aufmerksamkeit auf sich ziehen.«

5.6.1990: Tag 477

Ankündigung eines Antrags, in Großbritannien »International Guerillas« als Video herauszubringen, einen dreistündigen Film, der in Pakistan alle Kassenrekorde bricht. Die Handlung des Films basiert auf den Erlebnissen dreier pakistanischer Krieger, die geschworen haben, Salman Rushdie zu finden und zu töten; dieser wird als antiislamischer, betrunkener, sadistischer Mörder dargestellt, der sich unter dem Schutz von Hunderten israelischer Soldaten auf einer Pazifik-Insel verbirgt.

6.6.1990: Tag 478

Bei einer Pressekonferenz in Teheran sagte der iranische Präsident Ali Akbar Haschemi Rafsandschani, es gebe keine Möglichkeit, die Fatwa mit dem Todesurteil gegen Salman Rushdie aufzuheben.

20.6.1990: Tag 492

Das Moslem-Institut in London gibt ein moslemisches Manifest heraus, in dem die »vollständige Unterstützung« der Fatwa erklärt wird.

27.6.1990: Tag 499

Die iranische Regierung lehnt Salman Rushdies Angebot finanzieller Hilfe für die Opfer des Erdbebens im Iran ab.

29.6.1990: Tag 501

Der »Christian Science Monitor« meldet, der Produzent des Films »International Guerillas«, Sayed Gul, plane den Export des Films in islamische Länder.

14.7.1990: Tag 516

In London sagt Dr. Kalim Siddiqi bei einer Konferenz des Moslem-Instituts über die Affäre Rushdie: »Die Existenz einer politischen und rechtlichen Autorität des Islams außerhalb Großbritanniens hat uns unbesiegbar gemacht.«

22.7.1990: Tag 524

Die britische Filmbewertungsbehörde verweigert dem Video »International Guerillas« die Vertriebsgenehmigung mit der Begründung, der Film enthalte möglicherweise Verleumdungen gegenüber Salman Rushdie.

25.7.1990: Tag 527

»Article 19« protestiert im Namen des ICDSR bei der britischen Filmbewertungsbehörde gegen deren Weigerung, den Film »International Guerillas« freizugeben.

17.8.1990: Tag 550

Das ICDSR gibt eine Erklärung heraus, in der die britische Filmbewertungsbehörde aufgefordert wird, das Verbot des Films »International Guerillas« aufzuheben; in der Erklärung heißt es: »Das Verbot ist ein Akt der voraneilenden Einschränkung... bei aller guten Absicht ist es nicht das Resultat eines ordentlichen Verfahrens, sondern basiert auf der Vermutung, der Film könne gegen das Gesetz verstoßen. Dies ist ein gefährlicher Präzedenzfall. Es läßt sich darüber streiten, ob der Film, der als Video verbreitet werden sollte, Mr. Rushdie dem öffentlichen Haß preisgeben würde. Es wäre auch zu diskutieren, ob die Mehrheit der britischen Moslems seine Botschaft billigen, geschweige denn unterstützen würde.«

Das Videoverbot von »International Guerillas« wird von der britischen Filmbewertungsbehörde aufgehoben; sie kam zu einer einstimmigen Entscheidung, nachdem Salman Rushdie in einer Erklärung für die Zulassung des Films plädiert hatte, damit die Menschen ihn »als das verzerrte, unfähige Stück Schund, das er ist«, erkennen könnten. Der Autor sagte: »Ich bin prinzipiell dagegen, künstlerischen Werken mit archaischen Strafgesetzen gegen Blasphemie, aufrührerische und kriminelle Verleumdung zu begegnen... Ich glaube, daß diese überholten Gesetze heute keinem Zweck mehr dienen und der Garantie der freien Meinungsäußerung in der Europäischen Konvention (über die Menschenrechte) widersprechen.« Der Autor fügte hinzu, er wünsche nicht »den zweifelhaften Schutz der Zensur« und werde keinerlei Verfahren anstrengen oder unterstützen.

20.8.1990: Tag 563

Frances D'Souza (Vorstand ICDSR) schreibt an die britische Premierministerin Margaret Thatcher und bringt ihre Sorge zum Ausdruck, daß Salman Rushdie in seiner Freiheit weiterhin eingeschränkt sei zu einem Zeitpunkt, zu dem die britische Regierung eine Normalisierung der Beziehungen zum Iran anstrebt.

6.9.1990: Tag 570

Nadine Gordimer schreibt an Dr. Ali Ahani, den iranischen Botschafter in Frankreich, und legt einen Appell an die iranische Regierung bei, der von einer Reihe hervorragender Persönlichkeiten unterzeichnet wurde, darunter den Präsidenten der Tschechoslowakei und Litauens, des französischen Kulturministers sowie Regierungsmitgliedern, Schriftstellern, Universitätsangehörigen und anderen Teilnehmern an einem Treffen in Oslo Ende August; sie bittet ihn, den Appell an Präsident Rafsandschani weiterzuleiten. Der Appell drängt die iranische Regierung, in einem positiven, großzügigen und toleranten Geiste zu handeln, das Edikt gegen Salman Rushdies Leben und die Aussetzung eines Kopfpreises zu widerrufen und so dieses unglückliche Kapitel zu einem schnellen Ende zu bringen.

27.9.1990: Tag 591

Großbritannien und der Iran nehmen eingeschränkte diplomatische Beziehungen auf, nachdem die iranische Regierung zugesichert hatte, Salman Rushdies angebliche Lästerung des Islams werde nun als religiöse Angelegenheit betrachtet; es werde keine Einmischung in Großbritanniens innere Angelegenheiten geben. Die Fatwa werde nicht aufgehoben; der Iran sichert jedoch zu, das Todesurteil werde nicht auf Wunsch der iranischen Regierung vollzogen. Die Frage, ob einzelne Moslems an diese Entscheidung gebunden sind, bleibt offen.

Das ICDSR begrüßt die Normalisierung der Beziehungen zwischen Großbritannien und Iran und äußert die Hoffnung, das Vertrauen der britischen Regierung, keiner ihrer Bürger werde jemals wegen Ausübung seines Rechts zur freien Meinungsäußerung bedroht werden, werde in der Zukunft nicht kompromittiert.

Veröffentlichung von Salman Rushdies *Haroun and the Sea of Stories* (dt.: *Harun und das Meer der Geschichten*).

30.9.1990: Tag 594

Salman Rushdie wird von Melvin Breck in der »South Bank Show« von ITV interviewt – sein erster Fernsehauftritt seit Verhängung der Fatwa.

Britische Premiere von »International Guerillas«.

12.10.1990: Tag 606
Veröffentlichung der dänischen Taschenbuchausgabe der *Satanischen Verse*.

3.11.1990: Tag 628
Die iranische Botschaft in London wird wiedereröffnet.

9.11.1990: Tag 634
Charles Powell aus dem Büro von Premierministerin Thatcher erklärt in einem Brief an Frances D'Souza (Vorstand ICDSR), die britische Regierung sei der Meinung, die Beziehungen zwischen den beiden Ländern würden auf der Grundlage gegenseitiger Achtung wiederaufgenommen werden; sie habe sich von iranischen Offiziellen zusichern lassen, die iranische Regierung werde das internationale Recht achten.

26.11.1990: Tag 651
Salman Rushdie führt in »The Late Show« in BBC 2 ein Gespräch mit dem Schriftsteller Michael Ignatieff, in dem er sagt: »Ich spreche mit moslemischen Führern, um eine gemeinsame Grundlage, zu finden. Es gibt durchaus eine gemeinsame Grundlage, und es geht darum, sie solider zu machen.«

3.12.1990: Tag 658
Dr. Kalim Siddiqi fliegt nach Teheran, um iranische Führer zu drängen, in der Frage der Fatwa gegen Salman Rushdie standhaft zu bleiben.

5.12.1990: Tag 660
Salman Rushdie signiert seinen Erzählungsband *Haroun and the Sea of Stories* in einer Buchhandlung in Hampstead, im Norden Londons.

24.12.1990: Tag 679
Salman Rushdie trifft sich mit einer Gruppe einflußreicher Moslems, darunter dem ägyptischen Minister für religiöse Angelegenheiten, Dr. Mohammed Ali Mahgub, und distanziert sich von Aussagen einzelner Personen in seinem Roman, die den islamischen Glauben beleidigen; er sichert zu, er werde keine weiteren Übersetzungen seines Romans in Taschenbuchausgaben gestatten, solange das Risiko weiterer Beleidigungen bestehe; er erklärt sich bereit, sich »dem Islam zu öffnen« und verspricht, »für ein besseres Verständnis des Islams zu wirken«.

25.12.1990: Tag 680

Die iranische Nachrichtenagentur IRNA zitiert die Zeitung *Dschomhuri-ye Eslami*: »Wenn Rushdies Reue und seine Rückkehr zum Islam als Zeichen seines Mutes bewertet werden sollen, so muß er natürlich noch mehr Mut zeigen und sich auf den Tod vorbereiten.«

26.12.1990: Tag 681

Dr. Hescham al-Esawi, Vorsitzender der Islamischen Gesellschaft zur Förderung religiöser Toleranz, schickt Telexbotschaften an Ayatollah Ali Khamenei und den iranischen Präsidenten Rafsandschani und appelliert an die Iraner, das »vergebende und gnädige Wesen des Islams« zu demonstrieren.

27.12.1990: Tag 682

Der oberste religiöse Führer des Iran, Ayatollah Ali Chamenei, erklärt, die Fatwa sei unwiderruflich und werde in Kraft bleiben, selbst wenn Salman Rushdie »der frömmste Mann seiner Zeit werde«.

Scheich Dschamal Manna, der bei Salman Rushdies »Öffnung gegenüber dem Islam« zugegen war, drängt den Autor, die gebundene Ausgabe der *Satanischen Verse* zurückzuziehen.

In einem Interview im amerikanischen Fernsehen sagt Salman Rushdie, er »beginne, sich angesichts ausbleibender Reaktionen von seiten der britischen Regierung gegenüber erneuerten Drohungen aus dem Ausland gewisse Sorgen zu machen«.

28.12.1990: Tag 683

Salman Rushdie appelliert an den Iran, Verständnis für seine Arbeit zu zeigen und das Todesurteil gegen ihn aufzuheben.

In einem Artikel in *The Times* unter dem Titel »Warum ich mich dem Islam geöffnet habe« hält Salman Rushdie fest, daß »die geistige Entscheidung eines Mannes eine Gewissensfrage ist, zu der er nach gründlichem Nachdenken und in der Einsamkeit seines Herzens gelangt«. Er sagt weiter: »Ich habe meinen eigenen Weg zu einem intellektuellen Verständnis der Religion gefunden, und Religion bedeutete für mich immer den Islam. Sicherlich bin ich kein guter Moslem. Aber ich kann jetzt sagen, daß ich Moslem bin; und es bereitet mir ein Glücksgefühl, daß ich nun der Gemeinschaft angehöre, deren Werte meinem Herzen immer am nächsten waren«. Zu der Frage der Zurückziehung der *Satanischen Verse* schreibt Salman Rushdie: »... ich habe zugestimmt, keine neuen Übersetzungen der *Satanischen Verse* zu gestatten noch eine englischsprachige Taschenbuchausgabe zu veröffentlichen, solange das Risiko weiteren Anstoßes besteht... Ich glaube, das Buch muß weiterhin verfügbar bleiben, damit es allmählich als das erkannt werden kann, was es ist. Ich werde mit Penguin Books die Möglichkeit diskutieren, den vorliegenden gebundenen Ausgaben eine Erklärung beizufügen, wonach keinerlei Angriff auf den Islam beabsichtigt sei.«

29.12.1990: Tag 684

Das britische Aktionskomitee für islamische Angelegenheiten hält fest, Salman Rushdies »Öffnung gegenüber dem Islam« sei ein Trick, um ihn »vom Haken« zu holen; es bekräftigt seine Absicht, die Kampagne fortzusetzen, bis das Buch vollständig zurückgezogen werde und Rushdie sich bedingungslos bei den Moslems entschuldigt und eine Buße an islamische Wohltätigkeitsinstitutionen gezahlt habe.

6.1.1991: Tag 692

Von einem geheimen Ort aus sagt Salman Rushdie in einem Telefongespräch mit dem Rundfunksender von Bradford, die Moslems begingen ein Verbrechen gegen Gott, wenn sie ihn zu töten versuchten. Er betont, er sei zum islamischen Glauben zurückgekehrt, und sagt: »Wenn ein Moslem einen anderen Moslem ermordet, ist das kein religiöser Akt, es ist Mord. Nicht meine unsterbliche Seele wäre gefährdet, sondern seine.« Mr. Rushdie sagt, er sei nicht bereit, sein Buch zurückzuziehen: »Ich glaube, ich habe bereits sehr viel getan, als ich die Veröffentlichung der Taschenbuchausgabe stoppte und sagte, ich würde weitere Übersetzungen nicht gestatten.« Der Autor begrüßt eine Umfrage des Rundfunksenders, wonach neunzig Prozent der Anrufer sagten, es solle ihm vergeben werden.

Eine gemäßigte Moslem-Organisation wird gegründet, um die fanatische Minderheit unter den 1,5 Millionen britischen Moslems zu isolieren und eine Lösung für die Rushdie-Affäre zu finden. Der islamische Gelehrte Zaki Badawi, Rektor des Londoner Muslim-College, der Salman Rushdies angebliche Gotteslästerung verurteilte, seine Verfolgung jedoch bedauerte, erklärt seine Entschlossenheit, alle Gemäßigten zu versammeln.

In Teheran erklärt der Sohn des verstorbenen Ayatollah Khomeini, Hodschatoleslam Ahmad Khomeini, Großbritannien werde mit nicht näher bezeichneten Repressalien zu rechnen haben, wenn Mehrdad Kokabi, der in Großbritannien ein Verfahren wegen Verschwörung zur Brandstiftung zu erwarten hat, nicht freigelassen werde.

7.1.1991: Tag 693
Mehrdad Kokabi kommt vor Gericht, angeklagt wegen Sprengstoffanschlägen auf Buchhandlungen, die die *Satanischen Verse* verkaufen. Die Anschläge verursachten Schäden im Wert von 200000 Pfund; eine irische Touristin wurde verletzt.

8.1.1991: Tag 694
Die Verleger der *Satanischen Verse*, Viking/Penguin, geraten unter zunehmenden Druck von Moslems, versöhnende Schritte einzuleiten, die Salman Rushdies Angebot entsprächen, die Taschenbuchausgabe einzustellen und sich dem Islam zu öffnen. Laut Bob Gregory, dem Pressesprecher des Verlags, müsse jede Entscheidung über die Zukunft des Buches nach einer Diskussion mit Salman Rushdie erfolgen.

15.1.1991: Tag 701
Nach neuen Drohungen, die Fatwa gegen ihn zu vollziehen, taucht Salman Rushdie erneut unter.

1.2.1991: Tag 718
Veröffentlichung der niederländischen Taschenbuchausgabe der *Satanischen Verse*.

11.2.1991: Tag 728
Der Verlag Oxford University Press gibt sein Vorhaben auf, eine »zu umstrittene« Passage aus Salman Rushdies Roman *Midnight's Children* (dt.: *Mitternachtskinder*) in ein geplantes Englisch-Lehrbuch aufzunehmen.

14.2.1991: Tag 731
In einer Erklärung des ICDSR zum zweiten Jahrestag der Fatwa gegen Salman Rushdie heißt es, die Todesdrohung sei durch Minister der iranischen Regierung mehrfach erneuert worden; seit Wiederaufnahme der diplomatischen Beziehungen zum Iran im September 1990 habe die britische Regierung zu den erneuerten Todesdrohungen geschwiegen. Die Erklärung fügt hinzu: »Es hat jetzt den Anschein, als werde die Schuld eindeutig Mr. Rushdie zugeschrieben und nicht jenen, die die Todesdrohung äußern... Das Komitee appelliert an die britische Regierung, die erneuerten Todesdrohungen gegen einen ihrer Bürger öffentlich zurückzuweisen und Schritte einzuleiten, um dafür zu sorgen, daß die Drohung zurückgenommen wird.«

2.3.1991: Tag 747
Iranische religiöse Führer erklären auf einer internationalen Konferenz moslemischer Führer in Teheran, die Fatwa sei »unwiderruflich«; sie erneuern ihre Aufrufe zum schnellen Vollzug des Todesurteils gegen Rushdie.

5.3.1991: Tag 750
Bei der Konferenz islamischer Führer und Gelehrter in Teheran verdoppelt Hassan Sane'i, ein iranischer Geistlicher der Stiftung »15. Chordad«, die Belohnung auf zwei Millionen Dollar für jeden Bekannten, Verwandten oder Nachbarn Salman Rushdies, der ihn tötet.

15.3.1991: Tag 760
Der wegen Brandanschlägen auf Buchhandlungen angeklagte Merhdad Kokabi wird aus Großbritannien ausgewiesen und in Teheran durch einen Minister des Kabinetts und mehrere Parlamentsabgeordnete wie ein Held empfangen. Kokabi appelliert an seine Sympathisanten, den »heiligen Idealen« des verstorbenen Ayatollah Khomeini treu zu bleiben, und bekräftigt, daß Salman Rushdie getötet werden müsse. Später wird bekannt, daß Mehrdad Kokabi zum Sonderberater der iranischen Regierung im Wissenschaftsministerium ernannt wurde und für die Entsendung iranischer Studenten ins Ausland verantwortlich sei.

28.3.1991: Tag 773
Veröffentlichung von Salman Rushdies *Imaginary Homelands* (dt.: *Heimatländer der Phantasie*).

1.4.1991: Tag 777
Veröffentlichung der deutschen Taschenbuchausgabe der *Satanischen Verse*.

9.5.1991: Tag 815
Salman Rushdie schreibt an den *Independent* und legt dar, die Scheichs Dschamal und Hamed seien durch »brutale Methoden in den letzten Monaten« offensichtlich eingeschüchtert worden; ein solches Vorgehen habe diese Affäre von Anfang an begleitet, und dagegen müsse »Widerstand geleistet werden«. Er sagt, die Zurückziehung der gebundenen Ausgabe der *Satanischen Verse* würde illegale Ausgaben zur Folge haben, und fügt hinzu: »Ich halte die wissenschaftliche Auseinandersetzung mit diesem Roman für wichtig, nicht aus Gründen der Eitelkeit oder weil ich glauben könnte, Moslems würden irgendwann das Buch

mit anderen Augen sehen, sondern weil jene, die die Vergangenheit vergessen, dazu verurteilt sind, sie zu wiederholen. Und niemand wünscht eine Wiederholung dieser schrecklichen Geschehnisse.«

3.7.1991: Tag 870
Mailand: Ettore Capriolo, 61, italienischer Übersetzer der *Satanischen Verse*, wird von einem Mann, der sich als Iraner ausgibt und Salman Rushdies Adresse zu erfahren verlangt, niedergeschlagen und mehrfach durch Messerstiche verletzt. Ettore Capriolo übersetzte 1989 das Buch für den Verlag Mondadori und war im Jahre 1990 mehrere Monate lang unter Polizeischutz gestellt worden, nachdem er Drohungen islamischer Fundamentalisten erhalten hatte.

11.7.1991: Tag 878
Tokio: Professor Hitoshi Igarashi, der japanische Übersetzer der *Satanischen Verse*, wird in der Universität Tsukuba erstochen. Ein Sprecher des Verbandes der Pakistaner in Japan sagt: »Der Mord hing hundertprozentig mit dem Buch zusammen... Heute haben wir einander gratuliert. Alle waren wirklich glücklich.«

12.7.1991: Tag 879
Salman Rushdie verleiht nach dem Mord an Professor Igarashi seinem Schmerz und seiner tiefsten Sympathie für Herrn Igarashis Familie Ausdruck und appelliert an die britische, italienische und japanische Regierung wie auch an alle Führer der Weltgemeinschaft, Moslems und Nichtmoslems gleichermaßen, dringend bei der Regierung des Iran vorstellig zu werden.

14.7.1991: Tag 881
Liaqat Husein, Präsident des Rates der Moscheen von Bradford, erklärt, Ayatollah Khomeinis ursprüngliche Fatwa habe sich auf jeden bezogen, der an der Veröffentlichung der *Satanischen Verse* beteiligt gewesen sei. »Diese Menschen, die übersetzt haben, können nicht einfach damit davonkommen. Das wird Auswirkungen haben. Selbst wenn es den Tod bedeutet. Jeder, der an diesem Werk beteiligt ist, muß die Konsequenzen tragen«, sagt er.

23.7.1991: Tag 890
Die Volksmudschahedin von Iran veranstalten in London eine Pressekonferenz und behaupten, sie besäßen die Bandaufzeichnung eines Telefongesprächs zwischen einem iranischen Offiziellen in Präsident Rafsandschanis Büro und einem anderen, das sich offen auf die Ermor-

dung von Professor Igarashi und den Mordversuch an dem italienischen Übersetzer beziehe. Sie behaupten auch, aus dem Iran seien Todeskommandos nach Italien, Japan, Frankreich, in die Schweiz, nach Deutschland, Kanada, Nigeria und Algerien entsandt worden.

29.7.1991: Tag 896

Die pakistanische Regierung macht die Todesstrafe durch Erhängen obligatorisch für jede Verleumdung des Propheten Mohammed; sie ändert damit das Strafgesetzbuch gemäß der Schari'a (islamisches Gesetz).

15.9.1991: Tag 944

Salman Rushdie erhält einen Preis der Schriftstellergilde für sein Kinderbuch *Haroun and the Sea of Stories*. Begleitet von Leibwächtern der Polizei tritt er bei der Preisverleihung in London kurz auf und beschreibt in einer Ansprache die vergangenen zwei Jahre und sieben Monate seit der Verkündung der Fatwa.

25.9.1991: Tag 954

Peter Weidhaas, der Direktor der Frankfurter Buchmesse, lehnt Aufrufe ab, iranische Verleger von der Teilnahme an der Messe auszuschließen und sagt, die Messe sei »weder ein moralisches Institut noch ein Zensor«.

26.9.1991: Tag 955

Die Organisatoren der Frankfurter Buchmesse ziehen die Einladung an iranische Verleger auf Druck deutscher Verleger, Autoren und Politiker zurück, die ihre Anwesenheit als unvereinbar mit der anhaltenden Todesdrohung gegenüber Salman Rushdie betrachten. Zwei Verlage und der Schriftsteller Günter Grass hatten gedroht, die Messe zu boykottieren.

Der Iran verbietet deutschen Verlegern, an internationalen Buchmessen in Teheran teilzunehmen.

8.10.1991: Tag 967

Der deutsche Wirtschaftsminister Jürgen W. Möllemann ruft in einer Rede zur Eröffnung der Frankfurter Buchmesse die Verantwortlichen auf, Toleranz zu üben und Salman Rushdie, seinen Übersetzern und Verlegern ein Leben in Frieden zu gestatten.

9.10.1991: Tag 968

Die 43. Frankfurter Buchmesse wird unter anhaltenden Kontroversen über die Fatwa eröffnet.

17.10.1991: Tag 976
Eine Resolution des deutschen PEN-Zentrums fordert die »weltweite Beendigung der offiziellen kulturellen Beziehungen zur Islamischen Republik Iran. Dieses Moratorium kultureller Beziehungen sollte in Kraft bleiben, bis das Todesurteil gegen den Autor Salman Rushdie öffentlich widerrufen wird«.

22.10.1991: Tag 981
Unterstützer von Salman Rushdie geben bekannt, daß sie am 11. November eine vierundzwanzigstündige Mahnwache in der Central Hall Westminster abhalten werden, zum tausendsten Tag seit der Verkündung der Fatwa gegen den Autor.

1.–9.11.1991: Tag 991–999
Frances D'Souza schreibt im Namen des ICDSR an Javier Perez de Cuellar, Generalsekretär der Vereinten Nationen, an R. Lubbers, den Vorsitzenden des Europäischen Rates der EG und H. Vandenbroek, Leiter des EG-Ministerrates, an Jacques Delors, Präsident der Europäischen Kommission, an den britischen Premierminister John Major, UNESCO-Generaldirektor Federico Mayor, an Häuptling Emeka Anyaoku, den Generalsekretär des Commonwealth, und lenkt ihre Aufmerksamkeit auf die Tatsache, daß der 10. November 1991 der tausendste Tag der gegen Salman Rushdie verkündeten Fatwa ist. In den Briefen werden die angesprochenen Organisationen dringend aufgefordert, auch weiterhin auf die Regierung des Iran einzuwirken, das Kopfgeld auf das Leben des Autors für offiziell nichtig zu erklären und Diskussionen zwischen dem Iran und westlichen Ländern zur Lösung dieses beschämenden und gefährlichen Präzedenzfalles anzustreben.

6.11.1991: Tag 996
Eine Mahnwache in London, die von Freunden Salman Rushdies zum tausendsten Tag des Autors im Untergrund organisiert wurde, wird abgebrochen, nachdem das Außenministerium gewarnt hatte, sie könne eine vorzeitige Freilassung von Terry Waite und anderen westlichen Geiseln, die in Beirut festgehalten werden, gefährden.

10.11.1991: Tag 1000
»Article 19« veröffentlicht im Namen von ICDSR *1000 Days of Censorship: Fiction, Fact and the Fatwa*, eine Chronologie der wichtigeren Ereignisse seit der Verkündung der Fatwa.

11.11.1991: Tag 1001

Freunde von Salman Rushdie, darunter Caroline Michel, Melvyn Bragg, Harold Pinter, Alan Yentob und Martin Amis, die ihre vorgesehene Londoner Mahnwache nur widerwillig aufgaben, veranstalten eine öffentliche Lesung von Solidaritätsschreiben an den Autor in der Waterstone-Buchhandlung in der Charing Cross Road. Unter anderen werden Briefe von Neil Kinock, Paddy Ashdown, dem tschechoslowakischen Präsidenten Vaclav Havel und der Nobelpreisträgerin Nadine Gordimer vorgelesen.

18.11.1991: Tag 1008

Die britische Geisel Terry Waite und die US-Geisel Tom Sutherland werden in Syrien freigelassen. Das britische Außenministerium läßt durchblicken, eine Entscheidung für den Austausch von Botschaftern mit dem Iran stehe bevor.

22.11.1991: Tag 1012

In einer Vorlesung verurteilt Dr. Carey, der Erzbischof von Canterbury, Salman Rushdies »empörende Verleumdung« des Propheten Mohammed in den *Satanischen Versen* und sagt: »... Toleranz wird erreicht, wenn Menschen ihre Religion für so wichtig halten, daß die Abkehr von ihr den Tod bedeutet, und wenn sie gleichzeitig erkennen, daß die Werte einer anderen Person ebenso wichtig und ebenso real sind«.

24.11.1991: Tag 1014

Im BBC-Radio sagt Salman Rushdie, Großbritannien solle die Beziehungen zum Iran nicht normalisieren, solange die Fatwa gegen ihn weiter bestehe, und fordert den Erzbischof von Canterbury auf, an die iranischen religiösen Führer zu appellieren, das Todesurteil aufzuheben.

12.12.1991: Tag 1032

In den USA spricht Salman Rushdie unter strengen Sicherheitsmaßnahmen als Gast der Journalistenschule der Columbia-Universität vor einer Versammlung zum 200. Jahrestag der »Bill of Rights«. Seine Rede – nach dem Essay, den er im Versteck geschrieben hatte: »1000 Tage im Ballon« – liefert eine Einschätzung seiner Situation seit der Veröffentlichung der *Satanischen Verse*.

20.12.1991: Tag 1040

Das britische Magazin *The Bookseller* fordert eine Taschenbuchausgabe der *Satanischen Verse* und argumentiert, der Roman solle breiteren Kreisen zugänglich werden, damit die Öffentlichkeit besser informiert werde. Der Kommentar macht geltend, die Veröffentlichung eines Paperbacks habe weniger mit dem Recht der Freiheit zum Druck zu tun als mit der Frage, wie man am besten den Drohungen des Terrorismus begegne, und drängt ein Konsortium von Verlegern, die Veröffentlichung durchzuführen, damit die Last der Verantwortung nicht allein bei Viking/Penguin liege.

25.12.1991: Tag 1045

In Ägypten wird der Schriftsteller Alaa Hamed zu acht Jahren Gefängnis und einer Buße von 2500 ägyptischen Pfund verurteilt. Sein Roman »*A Distance in a Man's Mind*« wird als Bedrohung der »nationalen Einheit« und des »sozialen Friedens« beurteilt. Sein Verleger Muhammad Madbuli und sein Drucker Fathi Abu al-Fadi erhalten ähnliche Urteile. Die islamische Forschungsakademie Al-Azhar hatte das Buch der Staatsanwaltschaft gemeldet; der Autor wurde am 12. März 1990 verhaftet, sein Roman beschlagnahmt. Die Gründe für Verhaftung und Beschlagnahme lauteten: Der Roman enthalte subversive Meinungen über die Religion im allgemeinen und den Islam im besonderen.

4.1.1992: Tag 1055

In Großbritannien nehmen 155 moslemische Delegierte an der Inauguration eines nichtgewählten moslemischen »Parlaments« teil. In einer Rede vor der Versammlung erklärt Dr. Kalim Siddiqi, der Führer des »Parlaments«: »Wir haben uns als Parlament bezeichnet, weil wir vor allem ein politisches System in jedem Sinne dieses Begriffes sind.«

John Patten, Innenminister, antwortet sofort in einer Erklärung: »Jeder britische Bürger und jeder, der in unserem Land lebt, muß die Gesetze des Landes befolgen, ob Straf- oder Zivilgesetze. Dieser Unsinn dient weder den Interessen von Recht und Ordnung noch guten Rassenbeziehungen. Ich bin überzeugt, daß die moslemische Gemeinschaft in diesem Lande die Gesetze befolgt und diese Art von Aufrufen ignoriert.«

Syed Aziz Pascha, Generalsekretär der Union der moslemischen Organisationen, die die moslemische Gemeinde in Großbritannien seit 21 Jahren vertritt, erklärt: »Es ist lächerlich und absurd, den Namen ›Parlament‹ in Konkurrenz zum Parlament in Westminster zu benutzen. Ich glaube nicht, daß viele Moslems es unterstützen werden... Eine solche Körperschaft liegt nicht im Interesse der moslemischen Gemeinde.«

6.1.1992: Tag 1056
Dr. Kalim Siddiqi, Führer des selbsternannten moslemischen »Parlaments«, dementiert, daß er britische Moslems aufgefordert habe, gegen Gesetze zu verstoßen, die sie für unannehmbar halten.

8.1.1992: Tag 1058
Liaqat Husein, Präsident des Rats der Moscheen von Bradford, kündigt für den 13. Januar ein Treffen in Bradford an, um die Möglichkeiten einer Kampagne zu diskutieren, die sich im Rahmen der britischen Gesetzgebung gegen die *Satanischen Verse* wendet. Der Rat der Moscheen kritisiert Dr. Kalim Siddiqi und sein britisches »moslemisches Parlament« wegen des Aufrufs, Moslems sollten gegen Gesetze verstoßen, die gegen den Islam gerichtet sind.

28.1.1992: Tag 1078
Unter Mitarbeit des ICDSR beginnt die deutsche Zeitung *die tageszeitung* eine Briefkampagne für Salman Rushdie zum herannahenden 3. Jahrestag der Verkündung der Fatwa gegen den Autor. Der Kampagne schließen sich an: *Aftenposten* (Norwegen), *Berlingske Tidende* (Dänemark), *Christian Science Monitor* (USA), *Der Standard* (Österreich), *El País* (Spanien), *Expressen* (Schweden), *Folha de São Paolo* (Brasilien), *Ha'aretz* (Israel), *HVG* (Ungarn), *Irish Times* (Irland), *La Nación* (Argentinien), *La Presse* (Kanada), *La Stampa* (Italien), *Le Soir* (Belgien), *L'hebdo* (Schweiz), *Libération* (Frankreich), *Mladina* (Jugoslawien), *Nezavisimaya Gazeta* (Rußland), *Publico* (Portugal), *Tagesanzeiger* (Schweiz), *The Guardian* (Großbritannien), *The Independent* (Großbritannien) und *To Vima* (Griechenland).

In New York kündigt ein Konsortium von Verlegern, Schriftstellern und Menschenrechtsgruppen unter der Schirmherrschaft der »Authors' Guild« an, noch in diesem Frühjahr werde eine englischsprachige Taschenbuchausgabe der *Satanischen Verse* erscheinen.

13.2.1992: Tag 1094
115 europäische Abgeordnete aus allen zwölf Mitgliedsstaaten der Europäischen Gemeinschaft unterzeichnen eine Resolution im Europäischen Parlament in Straßburg zur Unterstützung von Salman Rushdie und zum 3. Jahrestag des Erlasses der Todesdrohung gegen den Autor.

14.2.1992: Tag 1095

Frances D'Souza (Vorstand ICDSR) und Said Essoulami, Nah-Ost-Koordinator für »Article 19«, treffen sich mit höheren Vertretern der iranischen Botschaft, um ihre Besorgnis in bezug auf die Fatwa und das Kopfgeld auf Salman Rushdies Leben zum Ausdruck zu bringen. Der Termin des Treffens wurde von der iranischen Botschaft bestimmt – als erste Antwort auf mehrere Bitten des Komitees um einen Termin im vergangenen Jahr. Die Delegation ist besonders daran interessiert, über die Art der Verbindung zwischen der Stiftung »15. Chordad« (verantwortlich für das Kopfgeld von zwei Millionen Dollar) und der iranischen Regierung informiert zu werden, und betont, die Beseitigung des Kopfgeldes sei ein wesentlicher erster Schritt, um unter anderem Auftragskiller abzuschrecken. Die iranischen Offiziellen leugnen jede Regierungsverbindung mit der Stiftung »15. Chordad«. Die Delegation fordert insbesondere, die Befürchtungen des Komitees dem Geschäftsträger und der Regierung im Iran zu übermitteln und das Komitee über jede Entwicklung zu informieren. Die iranischen Offiziellen stimmen dem zu. Bei dem Treffen wird der Hoffnung Ausdruck gegeben, daß weitere Treffen stattfinden.

Freunde Salman Rushdies veranstalten eine Diskussion in London unter dem Titel »Was ist zu tun? – Drei Jahre Fatwa«. Zu den Sprechern gehören Günter Grass, Tom Stoppard und Martin Amis, mit zusätzlichen Videoerklärungen von Edward Said, Nadine Gordimer, Seamus Heaney und Derek Walcott. Salman Rushdie erscheint unangekündigt unter ungeheurem Applaus und erklärt: »Drei Jahre der Bedrohung sind eine sehr, sehr lange Zeit. Ich weigere mich, eine Unperson zu sein. Ich weigere mich, das Recht auf Veröffentlichung meiner Arbeiten aufzugeben.« Die Diskussion, die von dreihundert Schriftstellern, Menschenrechtskämpfern und Komiteeangehörigen besucht wird, wird von BBC 2 übertragen.

In Kanada verurteilt Christine Stewart, liberale Abgeordnete im Ausschuß für Auswärtige Angelegenheiten und Internationalen Handel, die Untätigkeit der Regierung gegenüber der Fatwa: »...diese Regierung treibt weiterhin Handel und Geschäfte mit einem Lande, dessen Menschenrechtsverletzungen von vielfacher Art sind... Hat der Außenminister den iranischen Botschafter zur Verurteilung der Fatwa zu sich zitiert und darauf bestanden, daß sie aufgehoben wird, damit Kanada auch weiterhin Beziehungen zum Iran unterhalten kann? Warten wir nur darauf, daß Salman Rushdie stirbt?«

In Frankreich veranstalten die Universität Paris VII und die französische Liga für Menschenrechte eine Vorlesung von Carmel Bedford (Sekretärin des ICDSR) zum Thema der Fatwa und der Verteidigungskampagne für Salman Rushdie. Das einstündige Nachrichtenprogramm von TF1 bringt eine Sondersendung zu den Ereignissen der vergangenen drei Jahre, darunter ein Interview mit Salman Rushdie, das etwa 17 Millionen Zuschauer erreicht.

In Irland veranstalten Steve MacDonogh vom Verlag Brandon Books zusammen mit Vertretern des PEN, des irischen Schriftstellerverbandes und der nationalen Journalistengewerkschaft eine Reihe von Vorlesungen in Dublins Schriftstellermuseum zur Unterstützung von Salman Rushdie. Unter anderem lesen: Dermot Bolgar, Evelyn Conlon, Anthony Cronin, Gerald Dawe, Nuala Ni Dhomhnaill, Theo Dorgan, Benedikt Kiely, Proinsias Mac Aonghusa, Paula Meehan, Gabriel Rosenstock. »BBC Radio Ulster« zeichnet die Veranstaltung für ein Sonderprogramm auf, das am Ostersonntag ausgestrahlt werden soll.

Mitglieder des neuseeländischen PEN veranstalten zum Jahrestag eine Reihe von Lesungen in Dunedin.

In den USA trifft sich eine Delegation des PEN, des amerikanischen Verlegerverbandes und dem »Fund for Free Expression« mit Edward Djerejian, stellvertretender Staatssekretär für den Nahen Osten und Südasien, in Washington, um zu bitten, die Aufhebung der Fatwa zu »einer feststehenden Voraussetzung für jede Erneuerung der diplomatischen Beziehungen zum Iran« zu machen.

17.2.1992: Tag 1098

Die Londoner Botschaft der Islamischen Republik Iran gibt eine Presseerklärung heraus, in der es heißt: »Laut einem in London falsch wiedergegebenen Bericht über ein kürzlich erfolgtes Treffen zwischen Dr. Frances D'Souza, Direktor von »Article 19«, und einem Vertreter der Botschaft der Islamischen Republik Iran möchte die Botschaft die folgende Erklärung abgeben: 1. Kein Diplomat der Botschaft hatte ein Treffen mit dem Vertreter des ›Internationalen Komitees zur Verteidigung von Salman Rushdie‹. 2. In einem Brief vom 7. Februar 1992 bat Dr. D'Souza um ein Treffen mit einem Vertreter der Botschaft. Auf diese Bitte hin wurde vereinbart, daß Dr. D'Souza ihr Anliegen einem örtlichen Vertreter der Botschaft vortragen könne. 3. Nach einer Diskussion der Menschenrechtssituation und der kürzlich erfolgten Generalamnestie für Gefangene in der Islamischen Republik Iran bezog sich Dr. D'Souza auf die Fatwa des verstorbenen Imam hinsichtlich Salman Rushdie, dem Autor der *Satanischen Verse*. Sie erhielt eine Antwort, die folgendermaßen zusammengefaßt werden kann: a) Sie erhielt eine angemessene Information hinsichtlich der Menschenrechtsfragen und der kürzlich erfolgten Generalamnestie für Gefangene in der Islamischen Republik Iran. b) Zur Frage Salman Rushdies wurde wiederholt, daß die

Fatwa eine allgemeine islamische Angelegenheit ist und absolut nicht widerrufen werden kann. c) Die Fatwa ist eine allgemeine Angelegenheit der Welt des Islams und gilt für eine Milliarde Moslems in aller Welt. d) Als Schule des Denkens und Handelns, als Lebensweise verfügt der Islam über eigene Verteidigungsmechanismen, die aus dem Islam selbst hervorgehen. Daher wäre der Vorschlag, die Fatwa zu widerrufen, bloße Torheit, jetzt und in alle Zukunft. Jede andere Interpretation des oben erwähnten Treffens und der dabei zur Sprache gekommenen Themen wird kategorisch dementiert.«

19.2.1992: Tag 1100

Ein Bericht der Vereinten Nationen für die UN-Kommission für Menschenrechte, die zur Zeit ihre jährlichen sechswöchigen Hearings in Genf abhält, verurteilt den Iran wegen »offensichtlich übermäßigen Gebrauchs« der Todesstrafe. Die Zahl der berichteten Hinrichtungen im Iran stieg von etwa 500 im Jahre 1990 auf 884 im Jahre 1991. Trotz ständiger Vorstellungen der iranischen Regierung bei den UN stimmt die Menschenrechtskommission für die Verlängerung des Mandats des Sonderbeauftragten Galindo Pohl um ein weiteres Jahr. In diesem Abstimmungsergebnis spiegelt sich die ernste Sorge der Kommission über Verstöße gegen die Menschenrechte im Iran.

16.3.1992: Tag 1126

Fünfzig exilierte iranische Intellektuelle und Künstler unterzeichnen eine Erklärung zur Verteidigung von Salman Rushdie, in der es heißt: »Seit nunmehr drei Jahren lebt der Schriftsteller Salman Rushdie unter der von Khomeini verkündeten Todesdrohung, und bisher sind Iraner noch nicht kollektiv vorgegangen, um diesen barbarischen Urteilsspruch zu verurteilen. Da dieser empörende und bewußte Angriff auf die freie Rede vom Iran ausging, sind wir überzeugt, daß iranische Intellektuelle diese Fatwa verurteilen und Salman Rushdie entschiedener verteidigen sollten als jede andere Gruppe auf der Welt... Wir erheben einstimmig unsere Stimme zur Verteidigung von Salman Rushdie und erinnern die ganze Welt daran, daß iranische Schriftsteller, Künstler, Journalisten und Denker im Iran ständig unter dem gnadenlosen Druck der religiösen Zensur stehen und daß die Zahl der dort wegen ›Gotteslästerung‹ Eingesperrten oder sogar Hingerichteten nicht gering ist. Wir sind überzeugt, daß jede Toleranz gegenüber der systematischen Verletzung der Menschenrechte im Iran das islamische Regime nur ermutigen kann, seine terroristischen Ideen und Methoden auf die ganze Welt auszudehnen und zu exportieren.«

17.3.1992: Tag 1127

Eine anonyme Gruppe, die sich als »das Verlegerkonsortium« bezeichnet, gibt bekannt, daß sie noch in diesem Monat eine englischsprachige Taschenbuchausgabe der *Satanischen Verse* in den USA veröffentlichen wird.

24.3.1992: Tag 1134

Salman Rushdie erscheint unangekündigt in Washington bei einer Veranstaltung der American University zur Veröffentlichung der englischsprachigen Taschenbuchausgabe der *Satanischen Verse*, die von einem anonymen Konsortium herausgegeben wurde. Er gibt bekannt, daß ein geplantes Treffen mit Kongreßabgeordneten und Senatoren im Kapitol kurzfristig abgesagt wurde. Auf Nachfragen der Medien hinsichtlich seiner Sicherheit antwortet Salman Rushdie: »Ich habe kein Vertrauen mehr, daß die britischen Sicherheitsbehörden den Schutz meiner Person ernst nehmen.« Auf die Frage nach den Gründen, warum die britische Regierung ihren Standpunkt geändert habe, sagt Salman Rushdie, er halte sie für politisch.

In einem Interview mit CBS News vor der Konferenz sagte Salman Rushdie, Großbritannien habe durchblicken lassen, man könne die kostspieligen Sicherheitsmaßnahmen nicht unbegrenzt weiterführen.

25.3.1992: Tag 1135

Salman Rushdie trifft sich bei einem Lunch der Senatoren Patrick Leahy von Vermont und Daniel Patrick Moynihan von New York mit Mitgliedern des amerikanischen Senatsausschusses für Außenpolitik und dringt darauf, den Iran unter Druck zu setzen, damit das Todesurteil gegen ihn aufgehoben wird. Der Sprecher des Weißen Hauses, Marlin Fitzwater, dementiert Behauptungen, die Bush-Regierung habe die Führer der Kongreßparteien unter Druck gesetzt, ein Treffen mit Salman Rushdie abzusagen: »Es gibt keinen Grund für eine besondere Behandlung Rushdies... Er ist ein Autor, er ist anwesend, er gibt Interviews, stellt seine Bücher vor und tut, was Autoren tun. Es gibt jedoch keinen Grund für ein spezielles Interesse an ihm... Er schreibt nicht über die Politik der Regierung.« Margaret Tutweiler, die Sprecherin des Außenministeriums, erklärt, Regierungsvertreter würden keine Gespräche mit dem Autor führen, »weil ein solches Treffen falsch interpretiert werden könnte und wahrscheinlich auch würde«.

8.4.1992: Tag 1149

Die englischsprachige Taschenbuchausgabe der *Satanischen Verse*, die aus den USA importiert wurde, wird in Großbritannien ausgeliefert.

1.5.1992: Tag 1172

In Indien protestieren moslemische Studenten gegen den Historiker Professor Moschirol Hasan, Vize-Kanzler der Dschamia Millia Islamia University in Delhi, und fordern seine Entlassung; die Universität muß auf unbestimmte Zeit geschlossen werden. Professor Hasan hatte in einem Zeitschrifteninterview gesagt, obwohl Salman Rushdies Buch seine moslemischen Empfindungen verletzt habe, habe jeder das Recht, gehört zu werden.

2.5.1992: Tag 1173

Bei einer Versammlung des nichtgewählten moslemischen Parlaments in London sagt Dr. Khalim Siddiqi, die Fatwa gegen Salman Rushdie solle andere Schriftsteller und Künstler abschrecken, die sich versucht fühlen könnten, den Islam zu verleumden. Er fügt hinzu: »Die Fatwa und unsere Anwesenheit in diesem Lande werden dafür sorgen, daß Rushdie für den Rest seines Lebens in seinem Versteck bleiben muß. Rushdie in seinem Loch festzunageln, bedeutet genug des Erfolgs für uns und die zukünftigen Generationen.«

11.5.1992: Tag 1182

In Deutschland veröffentlicht *Der Spiegel* ein Interview mit Salman Rushdie.

15.5.1992: Tag 1186

Auf Druck von Studenten, Politikern und Mitgliedern seiner Fakultät veröffentlicht Professor Moschirol Hasan, Vize-Kanzler der Dschamia Millia Islamia University in Delhi, Indien, eine Erklärung, in der er seinen früheren Standpunkt hinsichtlich des Rechts Salman Rushdies, Gehör zu finden, bedauert. In seinem Widerruf schreibt Professor Hasan, der Roman sei provozierend, unmißverständlich beleidigend und ziele darauf, religiöse Überzeugungen und Gefühle zu verletzen. Trotzdem verlangen Dschamia-Studenten, die mit Unterstützung anderer Fakultätsmitglieder seit über drei Wochen im Hungerstreik sind, der Professor solle von seinem Amt zurücktreten. Sie sind bereit, ihn lehren zu lassen, wenn er zugibt, daß der Tod die islamische Strafe für Gotteslästerung sei.

22.5.1992: Tag 1193

J. S. Wall, Privatsekretär des britischen Premierministers John Major, schreibt an Frances D'Souza (Vorstand ICDSR): »...Die Polizei bietet den Schutz, den sie angesichts der Drohungen und aller anderen Umstände für notwendig hält. Mr. Rushdie wird auch weiterhin Schutz erhalten, solange die Morddrohung Schutz erforderlich macht.«

17. Juni 1992: Tag 1219

Die iranische Nachrichtenagentur IRNA gibt bekannt, daß die »15. Chordad Foundation« »über die 2 Millionen Dollar Kopfgeld hinaus auch die Kosten für die Tötung des verurteilten Schriftstellers übernehmen würde«.

Die im Libanon festgehaltenen deutschen Geiseln Heinrich Strübig und Thomas Kemptner kommen nach dreijähriger Gefangenschaft frei.

22. Juni 1992: Tag 1224

Unter strengen Sicherheitsvorkehrungen hält das dänische PEN-Zentrum im Kopenhagener Louisiana Art Museum ein Treffen über Redefreiheit ab. Günter Grass führt mit den Worten »Wenn Salman Rushdie eine Geisel ist, so sind wir es auch« den Überraschungsgast Salman Rushdie ein. Zum ersten Mal hat (der jüngst zum Ehrenmitglied des PEN gewählte) Rushdie Gelegenheit, vor einer PEN-Veranstaltung zu reden. Er betont, daß die sogenannte »Rushdie-Affäre« nur das bekannteste Beispiel für die Kampagne gegen die Redefreiheit im Iran und anderen islamischen Ländern sei. Die Fatwa betreffe im übrigen nicht nur ihn selbst, sondern viele an der Veröffentlichung und Übersetzung beteiligte Europoäer.

23. Juni 1992: Tag 1225

Salman Rushdie und Niels Barfoed, der Präsident des dänischen PEN, halten auf einem Schiff vor der dänischen Küste eine Pressekonferenz ab und treffen den ehemaligen dänischen Premierminister Anker Jorgensen.

24. Juni 1992: Tag 1226

Der Labour-Abgeordnete im britischen Unterhaus und Schattenminister für Kunst und Medien Mark Fisher ist Gastgeber bei einem Treffen Salman Rushdies mit Abgeordneten aller Parteien im Grand Committee Room des Unterhauses. Es ist der erste öffentliche Auftritt Rushdies seit der Fatwa, der vorher in der Presse angekündigt wurde.

In einer anschließenden Pressekonferenz berichtete Rushdie von Hinweisen der japanischen Polizei, daß die Mörder des japanischen

Übersetzers der *Satanischen Verse* Professor Igarashi über China ins Land gekommen seien und aus dem Nahen Osten stammten. Frances D'Souza weist darauf hin, daß die europäischen Regierungen die Möglichkeit haben, wegen der iranischen Menschenrechtsverletzungen gegenüber europäischen Bürgern den Internationalen Gerichtshof in Den Haag anzurufen.

28. Juni 1992: Tag 1230

Die iranische Nachrichtenagentur IRNA zitiert einen Leitartikel der Morgenzeitung *Dschomhuri-ye Eslami*, der mit Hinweis auf Rushdies Auftritt im britischen Parlament dazu auffordert, die iranisch-britischen Beziehungen auf ein Mindestmaß herabzusetzen.

30. Juni 1992: Tag 1232

Eine Mehrheit im neugewählten Parlament des Iran bekräftigt Khomeinis Morddrohung gegen Rushdie, die so lange bestehen bleiben soll, »wie es Moslems in der Welt gibt«. In einer von 170 Mitgliedern des iranischen Parlaments unterzeichneten Resolution wird Rushdies Einladung ins britische Parlament verurteilt.

12. Juli 1992: Tag 1244

Anläßlich des Deutschlandbesuchs des iranischen Außenministers Ali Akbar Velayati veröffentlicht der deutsche PEN eine Erklärung. Die deutsche Regierung, so heißt es darin, solle gegenüber dem iranischen Außenminister klarstellen, daß volle Kulturbeziehungen zwischen den beiden Ländern erst nach Widerruf der Fatwa wieder möglich seien.

Die vollständige, ständig aktualisierte Chronik »1000 Days Of Censorship: Fiction, Fact And The Fatwa« wird herausgegeben von »Article 19« im Auftrag des »International Committee for the Defence of Salman Rushdie and His Publishers«, 90 Borough High St., GB – London SE1 1LL.

Über die Autoren

Günter Grass, geboren 1927 in Danzig, ist neben Heinrich Böll wichtigster Repräsentant der zweiten Generation deutscher Nachkriegsschriftsteller. Mit dem Roman »Die Blechtrommel« (1959) etablierte sich Grass als international anerkannter Autor. In diesem Frühjahr erschien seine Erzählung »Unkenrufe« (Steidl Verlag).

Mit einer Gesamtauflage von 65 Millionen ist *Johannes Mario Simmel,* geboren 1924 in Wien, der erfolgreichste deutschsprachige Romanautor. Dem breiten Publikum wurde er 1960 mit dem Roman »Es muß nicht immer Kaviar sein« bekannt.

Nadine Gordimer, geboren 1923 in Springs, Transvaal, ist mit ihrem umfangreichen Œuvre eine der bedeutendsten südafrikanischen Schriftstellerinnen der Gegenwart. In Deutschland wurde sie zuerst mit dem Roman »Fremdling unter Freunden« (Fischer Verlag) bekannt. 1991 erhielt Gordimer den Literaturnobelpreis.

José Saramago, geboren 1922 in Azinhaga, ist einer der wichtigsten portugiesischen Romanciers der Gegenwart. Mit seinem im November 1991 in Portugal und Brasilien erschienenen Roman »Das Evangelium nach Jesus Christus« hat er heftige Diskussionen über die Rolle der Religion und der Institution Kirche ausgelöst. In deutsch ist von Saramago zuletzt »Das steinerne Floß« (Rowohlt) erschienen. Für diesen Herbst plant der Rowohlt-Verlag die deutsche Veröffentlichung der »Geschichte von der Belagerung Lissabons«.

Paul Theroux, geboren 1941 in Massachusetts, hat fünf Jahre in Afrika und drei Jahre in Singapur gelebt. Heute wohnt er in London. Zusammen mit Bruce Chatwin, mit dem er befreundet war, hat er einen neuen Typus der Reiseliteratur geschaffen. Außerdem veröffentlichte er Romane und Erzählungen. Auf deutsch erscheinen seine Bücher bei Claassen.

Kazuo Ishiguro wurde 1954 in Nagasaki geboren. Im Alter von sechs Jahren kam er mit seiner Familie nach England. Er studierte Anglistik und Philosophie und war danach als Sozialarbeiter tätig. Er veröffentlichte bisher drei Romane, zuletzt »Was vom Tage übrigblieb« (Rowohlt).

Fahimeh Farsaie, geboren 1952 in Teheran, studierte von 1971 bis 1976 Jura und Kunstgeschichte in Teheran. 1972 wurde sie wegen einer kritischen Erzählung verhaftet und war achtzehn Monate lang im Gefängnis. Danach arbeitete sie als Redakteurin in einer Tageszeitung. Von Khomeini 1982 entlassen und politisch verfolgt, gelang ihr 1983 die Flucht nach Westberlin. Sie veröffentlichte 1989 den Erzählband »Die gläserne Heimat« und 1991 den Roman »Vergiftete Zeit – der Fall des Dr. Danesch« im Dipa Verlag.

Manuel Vásquez Montalbán, geboren 1939 in Barcelona, schrieb zahlreiche Kriminalromane, die in Deutschland bei Rowohlt veröffentlicht werden. Für seinen letzten Roman, »Galindez«, erhielt er den Spanischen Nationalpreis für erzählende Literatur.

Ralph Giordano, geboren 1923 in Hamburg, überlebte Hitler-Deutschland als Sohn einer jüdischen Mutter im Untergrund. Seit 1945 arbeitet er als Journalist, Fernsehdokumentarist und Schriftsteller. Einem breiten Publikum wurde er durch den Roman und Fernsehfilm »Die Bertinis« bekannt. 1989 erschien »Israel, um Himmels willen, Israel« bei Kiepenheuer & Witsch.

Margaret Atwood, geboren 1939 in Ottawa, ist wohl Kanadas bekannteste Autorin und lebt heute in Toronto. Seit den sechziger Jahren schreibt sie Gedichte, Kurzgeschichten, Romane und Kinderbücher (deutsch bei Fischer und Claassen). Romane wie »Die eßbare Frau« und »Der lange Traum« üben Kritik an der Unterdrückung der Frau in der patriarchalischen Gesellschaft und schildern den Prozeß ihrer Selbstbefreiung. »Der Report der Magd« ist von Volker Schlöndorff 1989 unter dem Titel »Die Geschichte der Dienerin« verfilmt worden.

Gertrud Seehaus, geboren 1934, ist Schriftstellerin und lebt in Köln. Sie war zwölf Jahre Lehrerin an Hauptschulen und lebte in den achtziger Jahren sechs Jahre in Jerusalem. Zu schreiben begann sie erst mit Mitte Vierzig, zuletzt erschien der Roman »Gruß an Iwan B.« (Nagel & Kinche, Zürich). Gertrud Seehaus ist Mitglied des deutschen PEN.

Elfriede Jelinek, 1946 in der Steiermark geboren, lebt in Wien und München. Sie schrieb Romane (»Die Liebhaberinnen«, »Die Klavierspielerin« oder »Lust«, alle Rowohlt), aber auch Hörspiele und Theaterstücke.

William Styron wurde 1925 geboren. Sein erster Roman »Geborgen im Schoß der Nacht« (1951) schildert das Schicksal einer Südstaatenfamilie. »Die Bekenntnisse des Nat Turner« (1967) brachten Styron den Pulitzer-Preis. Sein Roman »Sophie's Choice« wurde Anfang der achtziger Jahre mit Meryl Streep verfilmt. 1991 erschien »Sturz in die Nacht – Geschichte einer Depression«, ein autobiographischer Bericht (Kiepenheuer & Witsch).

Jatinder Verma, geboren 1954 in Dar-es Salaam und 1968 nach Großbritannien eingewandert, ist indischer Herkunft. Er gründete 1976, nach dem »rassistischen Sommer«, die »Tara Arts Group«, die einen neuen britisch-asiatischen Theaterstil schuf. Die Rushdie-Affäre war für Verma Anlaß einer Molière-Bearbeitung nach »Tartuffe«.

Martin Walser, geboren 1927 in Wasserburg, Bodensee, ist einer der erfolgreichsten und zugleich produktivsten deutschsprachigen Schriftsteller der Nachkriegszeit. Die Landschaft am Bodensee bildet in mehreren Romanen den Handlungshintergrund. Zuletzt erschienen bei Suhrkamp der Roman »Die Verteidigung der Kindheit« und die Farce »Das Sofa«.

Dragan Velikić, geboren 1953 in Belgrad, publizierte bisher zwei Erzählbände und zwei Romane. Für »Via Pula« erhielt Velikić 1988 den angesehenen jugoslawischen Milos-Crnjanski-Preis. Velikić veröffentlichte auch Essays, unter anderem über Handke, Canetti und Magris. Er lebt in Belgrad. Auf deutsch erscheinen seine Werke im Wieser-Verlag.

Mario Vargas Llosa, geboren 1936 in Arequipa, Peru, schrieb unter anderem die Romane »Das grüne Haus«, »Der Hauptmann und das Frauenbataillon« und »Maytas Geschichte« (alle Suhrkamp). Kürzlich kandidierte er bei den Präsidentschaftswahlen in Peru – und verlor. Seitdem widmet er sich wieder der schriftstellerischen Arbeit.

Norman Mailer, geboren 1923 in Long Branch, New Jersey, wurde durch den Antikriegsroman »Die Nackten und die Toten« (1948) dem internationalen Publikum bekannt. Mailer ist zweifacher Pulitzer-Preisträger. Zuletzt erschien im Herbig-Verlag der Roman »Gespenster«.

Arnold Wesker wurde 1932 als Sohn russisch-ungarisch-jüdischer Emigranten in England geboren. Beeinflußt von John Osborne schrieb er 1956 das Stück »The Kitchen«, womit er seinen Durchbruch als Dramatiker erzielte. Er setzte seine »Arbeiterstücke« mit der Trilogie »Hühnersuppe mit Graupen«, »Tag für Tag« und »Nächstes Jahr in Jerusalem« in den sechziger Jahren erfolgreich fort. Während der achtziger Jahre wurde es stiller um ihn. Seine bei Suhrkamp verlegten Stücke sind derzeit vergriffen, vielleicht hier und da in verschiedenen DDR-Editionen erhältlich.

Ilse Aichinger wurde 1921 in Wien geboren. 1948 debütierte sie mit dem Roman »Die größere Hoffnung«. Die mit dem Lyriker Günter Eich verheiratete Schriftstellerin erhielt unter anderem den Literaturpreis der Gruppe 47. Ihre Gedichte sind in dem Band »Verschenkter Rat« gesammelt. »Kleist, Moose, Fasane« enthält Prosa und Schriftstellerporträts (alles Fischer Verlag).

Joachim Walther, 1943 in Chemnitz geboren, war bis zur erzwungenen Kündigung im Jahre 1983 Lektor im Verlag Der Morgen. 1990 wurde er Vizevorsitzender des DDR-Schriftstellerverbandes. Walther schrieb Romane, Hörspiele, Erzählungen und Kinderbücher.

Andrzej Szczypiorski, geboren 1924 in Warschau, beteiligte sich am Warschauer Aufstand und wurde im KZ Sachsenhausen interniert. Er arbeitete als Diplomat und Journalist. Von 1989 bis 1991 war er Mitglied im polnischen Senat. In Deutschland wurde Szczypiorski 1988 mit dem Roman »Die schöne Frau Seidenam« bekannt. Inzwischen erschienen der Erzählband »Amerikanischer Whiskey« und der Roman »Nacht, Tag und Nacht« (alle bei Diogenes).

Graham Swift, geboren 1949 in London, wurde mit seinem Roman »Waterland« (1983) bekannt. Weitere Romane: »Sweet Shop Owner« (1980) und »Shuttlecock« (1981); beide Penguin Verlag. Im März erschien »Ever After«.

Die Briefe wurden übersetzt von:

Meinhard Büning	(Nadine Gordimer, Paul Theroux, Margaret Atwood, William Styron, Jatinder Verma, Arnold Wesker, Graham Swift)
Ray-Güde Mertin	(José Saramago)
Barbara Häusler	(Kazuo Ishiguro)
Gabriele Ricke	(Manuel Vásquez Montalbán)
Elke Schmitter	(Norman Mailer)
Barbara Bollwahn	(Mario Vargas Llosa)
Klaus Detlef Olof	(Dragan Velikić)
	(Andrzej Szczypiorski)

Die »Chronik der ›Fatwa‹« übersetzte Meinhard Büning.